在單車上，未知終點的旅程

HIT THE ROAD

李怡臻

目次

Intro.「 去月球的單程票
One Way Ticket To The Moon

One way ticket / one way ticket / One
way ticket / one way ticket / One
way ticket to the moon / Choo choo
train a chugging down the track /
Gotta travel on, never coming back
/ Got a one way ticket to the moon
/ Ooh...ooh...got a one way ticket to
the moon...

」

記憶中有個渾厚的女聲，這樣唱著。

小時候，在頭髮流行中分，大人衣服裡藏著墊肩的年代，當時MP3和
YouTube尚未出現，家裡有卷明顯看似盜版的黑色卡帶，膠殼上用立
可白寫上幾枚英文單字，不時得用手指把脫軌的磁帶捲回去。裡面全是
旋律輕快、歌詞簡單，洗腦般不斷重複讓人朗朗上口的經典西洋老歌。
〈One Way Ticket〉是其中一首，記憶中曾經五音不全地成天跟著嗯嗯
哦哦唱著，懵懂年紀，卻莫名地欣賞裡面的灑脫。

為什麼要去＿＿？似乎每次的離開都需要一個理由（是嗎？）。這次的
動機既冗長又無意義，像午休後的第一堂數學課令人昏昏欲睡，真的要
寫出來嗎？總之不論自述或前言，其實就是篇交待文，我會認真寫，但
你不用看得太認真。——是這樣的，很久很久以前惡魔不小心打破了魔
鏡，碎片四處紛飛，其中一片落進男孩的眼底與心裡，善良的他從此變
得無情。某個下雪的冬天裡，男孩遇見了冰雪女王，把他帶到冰天雪地
的極凍之地、只有冰與雪的蒼白世界⋯⋯而冰島是最符合這童話想像的
所在，一片蒼茫成了我心之嚮往的地方。

幾年過去，從喜歡冰島歌手碧玉到欣賞某位來自冰島的朋友，都讓我越來越好奇他們的家鄉是什麼模樣？假如可以，我會把所有時間都留在那裡，悠悠然地漫步過春夏秋冬的輪轉。可惜申根區國家停留有日數限定，一百八十天內至多不可超過九十天。

那之後呢？想要由北歐一路往南到底，在西班牙最南跳上渡輪到非洲北端，看看黑色大陸；也想要從西歐向東，延續十年前未竟的絲路後半段，白馬換鐵馬重返西遊記之前緣再續，就叫鐵馬換鐵腿之類的吧……唉呀，好多想走的路，想過的生活，想見見還沒遇見的。

啊，太貪心了嗎？

讀大學時，教授要求每個人取英文名字，單純因為簡短好記又好笑，所以挑了Ida。長大後，去了一些地方遇見一些人，才知道它不只是「挨打」。德國人說，這名字代表快樂、富有和勤奮，是個帶著復古風的老名字；繼續走到了西班牙，人們哈哈大笑，說它代表單程票和瘋狂，我也跟著笑了；有一天，到了土耳其，他們說這名字土耳其文的意思，是

「在月亮上」。好些年過去了，才漸漸拼湊出來它的樣貌，原來Ida是個快樂又瘋狂的人，買了張去月球的單程票——太好了，我喜歡。

在很久很久以後，我才終於知道那首充滿豪情壯志去月球的歌曲，其實是唱著Got a one way ticket to the 「BLUES」……誤會一場，原來是張直達憂鬱的單程票啊。But so what? 每個人都在自己的旅行路上，手裡握著的亦是沒有回頭路的單程票，不到最後，沒人知道哪裡會是自己的終點站。

註｜原唱尼爾・西達卡（Neil Sedaka）的單程票〈One Way Ticket〉，真正的歌詞是 One Way Ticket To The Blues，而非 One Way Ticket To The Moon。

｜狡兔三窟，在月球上有很多窟，可以容納來自世界各地的兔子。

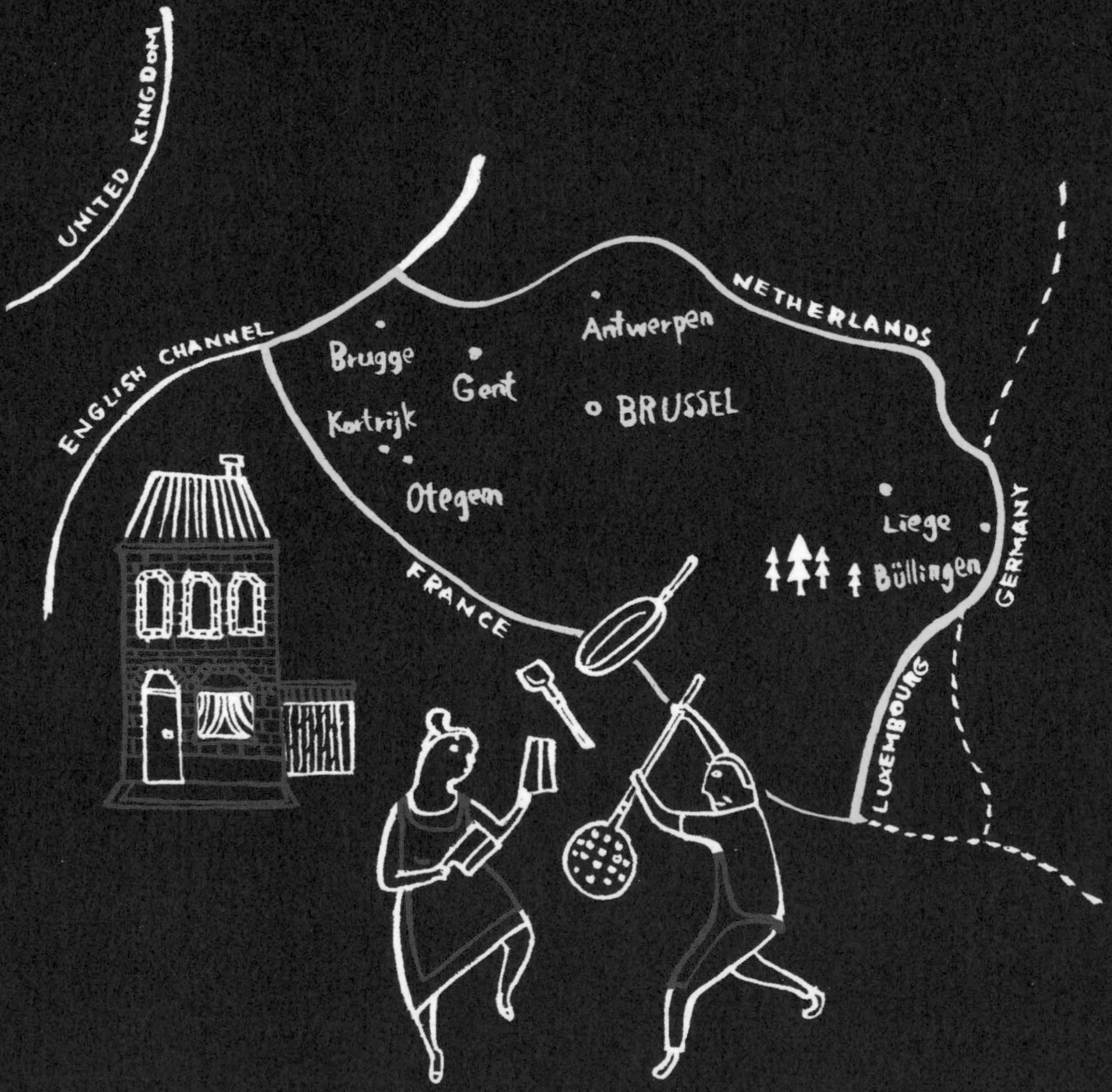
UNITED KINGDOM
ENGLISH CHANNEL
NETHERLANDS
Antwerpen
Brugge
Gent
BRUSSEL
Kortrijk
Otegem
FRANCE
Liege
Büllingen
GERMANY
LUXEMBOURG

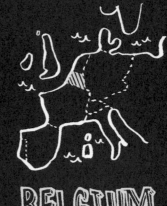

BELGIUM

BIKE

CH.1 「

在一切開始之前
都　　　　　是
烏漆嘛黑的

」

有人說在宇宙大爆炸之前什麼都沒有，沒有時間沒有空間，在一切開始之前是全然虛無和一片烏漆嘛黑，混沌之中有個科學家稱作「奇點」的小東西爆炸了，不斷膨脹後形成了宇宙。當然，也有人說距今138億年前的大爆炸根本不存在。身為一個連138秒前發生什麼事都不確定的人，談138億年前實在太遙遠，卻體會到關於一切開始之前的烏漆嘛黑，是真真實實地存在著。

黑工歲月

這瞬間，突然對於周遭一切發生的事還有點無法理解。
「十二包米粉拆裝泡水、地下室補米醋油鹽到八、九分滿、一全雞進鍋燉湯、二牛四羊五豬八魚沖水解凍、洋蔥去頭切絲十五盒、高麗菜葉預留二十片包春卷、辣醬酸甜醬綜合醬進鍋加熱……」

眼前瘦高的中年男子身著暗紅色圍裙，嘴裡叼著菸的同時，仍不斷碎念拋出似乎永無止盡的待辦事項。狹長的空間兩側像鍋碗瓢盆堆疊出的銅牆鐵壁，他就站在這房間的盡頭，面對四只黑到發亮的炒鍋和兩鍋持續

從鍋底冒出小氣泡的大油鍋。風扇在角落盡責地轉啊轉，通風口下的小窗映照著街上白晃晃的光，玻璃持續發出咚咚咚的聲響，外頭的雪越下越大。

早上十點開工備料到凌晨一點打掃結尾，下午三點午餐，午夜十二點晚餐，每天除了沒日沒夜地以戰鬥陀螺的姿態在廚房裡瘋狂打轉，剩下的就是直挺挺躺在床上邊嘆息邊祈禱著明天可以早點收工而不是邊吃早點邊收工。一個月前的自己還穿著短袖坐在電腦前敲打著鍵盤，盤算著即將到來的新生活，眼前這種場景可不在當初的計劃之中。

說「當初的計劃」似乎也不太妥當，說實在的沒什麼計劃。冰島是此行的目的，假如可以，我會毫不猶豫地把一整年的時間都留給冰島。雖然申請比利時的打工度假，但其實沒有打工的心思，也沒在比利時度假的打算（在此對比利時在台辦事處致歉）。圖的是停留在歐洲一整年的權限，還有從比利時到冰島的輕鬆便利。

可惜天不從人願，政府機構的繁文縟節總有辦法讓人消耗所剩不多的青

在一切開始之前
都是
烏漆嘛黑的

春。想要有一年的自由自在，先拿到居留證再說。明明證件上頭不過印著名字、國籍和居留時間，作業時間卻可以耗時數月……這兩到三個月之間，哪兒也別想去，也不允許合法工作。

關鍵字：合法——沒錯，在過沒幾天遊手好閒的日子後，我開始浮現坐吃山空的不安，橫豎是坐立難安倒不如起身出門，抱著問問看也不會怎樣的心情，推開鄰近小鎮裡唯一一家中式餐廳的門，想不到這一走進去，就像老鷹合唱團的歌〈Hotel California〉裡最後一句「But you can never leave!」，再也出不來了。

這間名不見經傳的中式餐廳位在罕人知曉的小鎮，白色外牆紅色窗框內的世界裡有典雅的紫色牆面、幾株大型植栽在天花板上蔓延綠意，一台黑亮的三角鋼琴坐落餐廳中央，光滑的面板映著燭台上輕擺的光暈和老闆娘臉上甜而不膩的微笑穿梭在客人間。

可惜，精緻的旗袍是專屬於外場的寧靜美好，僅供參考。內場的真實是放在馬桶旁等待放涼的炒麵炒飯和不斷從餐桌上回收再利用的醬料。

隱形的工人

姆菈，沉默寡言的西藏女孩。當初因為參與圖博獨立運動，而被中國政府列入黑名單，先是在山區東躲西藏，最後存了一筆錢，買通了人帶她在月黑風高的晚上越過邊境，接著獨自跋山涉水穿越喜馬拉雅山區，沒日沒夜餐風露宿，一路顛簸前行，終於到了印度的德蘭薩拉，達賴喇嘛流亡政府所在地。稍作停留後再度上路向西，最終輾轉到了比利時，成了政治迫害下的流亡難民。

「離開當天連我母親都不知道我為什麼流淚和一去不回。」姆菈說完後緊抿著嘴，堅毅的表情後有沒說出口的情緒。印象中的她不論什麼苦差事都是全力以赴，安靜又迅速地完成被交付的任務。即便有工作證，但每隔一段時間就要再次遞件審核更新。等待新證的日子飯一樣要吃，基本生活需要持續工作才得以延續。黑工是沒有選擇下的選擇。

記得姆菈說，人不論在哪裡，做任何事都要對得起自己的良心。只可惜老闆並沒有回饋她應得的良心。「一般員工常常超時工作個幾次就不來

在一切開始之前
都是
烏漆嘛黑的

上班，但他們不會，因為他們哪裡也去不了。何況，一張工作證的薪資
我就可以請上三、四個黑工，很划算的。」他們是老闆眼裡的廉價機器
人，好操、耐用、不會跑。有次我問姆菈打算在這邊待多久，她沒有回
答，只是目光定定望著遠方輕聲地說：「這幾個月，等待工作證下來的
時間越來越長了。」

阿麗，隨著兒子漂流過海到異鄉討生活的中國大嬸。老闆與老闆娘打從
第一天開始就不信任她。常背地裡說她的身分證一定是假的，花錢跟人
買來的。就連阿麗表示在其他餐廳擔任過掌鍋都不相信，嫌她動作不夠
俐落。但老闆從來不當她的面攤開說。可能是阿麗上了年紀跟不上老闆
的快板節奏，不時看她被罵得狗血淋頭，但也從不見她生氣，嘴裡咕噥
個幾句就過了，動作依舊慢條斯理。和她一起工作的日子，每每都要到
凌晨兩、三點才能從廚房離開。

一個月過去，到了發薪水那天，廚房外傳出斷斷續續的爭執聲，音量越
來越大，輕易就能聽得一清二楚。

「你說證件是真的，那為什麼網路上查不到資料？這要是被警察捉到我
們可要賠上好大一筆罰款的！」（咦？你們不是最喜歡找黑工嗎？）

「網路上出什麼錯我不知道，但證件是真的。」

「還不承認？好，那你說說你的出生年月日。」

（沉默）

「答不出來吧！」

「我就看你怎樣也不像五十出頭，至少六十歲了吧？」

「活了這麼大把年紀，還到處說謊騙人⋯⋯」

老闆、老闆娘兩人看阿麗答不出話，得理不饒人的氣焰越漲越高。你一
言我一句無縫接軌像是渾然天成的雙簧相聲，全沒讓人有插話的空間。

「當初說好的工資是給有合法身分的價錢，你拿假證件來騙我，拿這錢
不合理吧？要知道，不是我要計較錢的問題，要給警察抓到，我們正當
經營都會被你拖下水，風險很大的。你懂我的意思嗎？」

我不知道阿麗懂不懂，但我懂了。

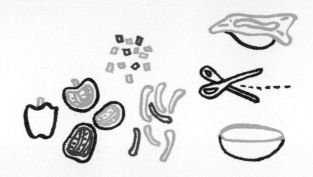

暗黑情人節

不知道是不是冬天特別漫長的關係，在廚房工作的這段時間，記憶中的影像全是灰撲撲的。原以為這種夜以繼日忙碌到只剩工作和睡覺的日子不可能更灰暗，卻忘了凡事沒有最高級只有比較級的基本道理。

早在情人節來臨前，餐館就開始為可預期的人潮做準備，當晚只供應情人節套餐，菜單全是可快速出餐的炸物、冷盤等等，原本以為即便是大隊人馬殺進來，應該也是可以遊刃有餘地逐一解決，在這個連空氣中都充滿愛意的晚上餵飽大家的胃，頂多就是比平常忙，還能出什麼事？

「快點、客人等很久在抱怨了，現在還差好幾盤！」
「客人直接付錢走人了，拜託動作再快一點！」
「還沒好嗎？我沒辦法再安撫他們了！」

隨著老闆娘進出廚房的頻率增高，老闆益發沉默，揮動鍋鏟的手沒停過，菸也是。無聲的對白讓空氣中的壓力逐漸升溫，終於抵達沸點。

| 黑工生活中的沒完沒了——切不完的彩椒和炸不完的春卷皮。

「叫他們全離開，說我們賣完了！」在老闆一聲怒吼後，老闆娘反而靜默了，板著臉拿起被老闆甩在地上的鍋鏟，穿起圍裙，神情像是敢死隊的士兵抱著必死決心走上前線——不對，是走到鍋子前。

「我說別賺了！不要做了！」（丟鍋子摔鍋鏟）
「沒要你繼續做，你做不來、我來！」（巾幗不讓鬚眉的氣勢）
「我不要你這麼累！賺這麼多幹什麼！」（體貼？）

老闆娘一語不發，依舊持續手上的動作，火爆的老闆夾著無能為力的怒氣對上固執的老闆娘，情況就這麼失控了——全世界最不適合吵架的地方非廚房莫屬。偏偏這次的戰場就在這全世界最小的中央廚房展開，一整疊盤子直接甩到牆上，碎片以慢動作的姿態漫天飛舞，鍋子、鏟子、刀子也跟著飛上天。

沒錯，刀子。

看著在空中飛舞的刀子，有種自己誤闖拍片現場的錯覺。負責外場的大

日月星辰流轉，只要眼睛有睜開，就沒有過不去的日子。

兒子此時也跑進廚房，看見滿
目杯盤狼藉，愣了一下後隨即
大聲斥喝：「別鬧了！客人還
在，外面都聽得到，吵成這樣
像什麼樣！」

老闆、老闆娘終於停下所有動
作，離開了廚房。當我們收拾
完地上最後一片碎片，離開餐
廳時已是凌晨四點。

隔天一早，老闆依舊叼著菸站
在炒鍋前，老闆娘仍然笑笑地
迎賓送客，除了略帶紅腫的眼
睛，一切像是從沒發生。情人
節過後，生意一樣要做，生活
一樣要過。

打工還是度假？

從第一日進廚房，到現在不過兩個月，怎麼宛如兩年般漫長？當初抱著
「既然哪裡也去不了，不如加減賺點盤纏」的想法，在意識到生活不知
何時變得度日如年後開始動搖。

「你在台灣一個月賺多少錢？」老闆有天突然這樣問。
我一瞬間不知該怎麼回答，賺錢一事沒真的放在心上過，不是錢多而是
沒什麼在花，一點就夠用了。忽然覺得像被點醒，對喔，在台灣都沒在
認真賺，怎麼會大老遠飛到這裡用時間去換錢？要這麼多錢何用？

想起烏拉圭前總統穆希卡（José Mujica）說過的一句話：「真正窮的不
是那些擁有少的人，而是那些需要多的人。」怎麼忘了？當天收工後，
把沾滿油污的牛仔褲仔細摺好，輕輕放進後院大垃圾桶，看了一眼漆黑
的餐廳和在星空下映著藍光的院子後，我毫不留戀地轉身離開。

距離飛冰島的日子還有一個月，得想想要去哪裡好。抱著受刑人出獄後

在 一 切 開 始 之 前
烏 漆 嘛 黑 的 都 是

重獲自由的心情，將地圖攤在
地上，熟悉的、陌生的全寫在
上面。

當初要不是因為朋友的同事在
這裡有棟正在重新裝潢的老
屋子，雖然未完工卻也能滿足
基本生活需求，可以用便宜的
租金度過等待居留證下來的日
子，自己也不會到這個連比利
時人也未必聽過的奧特海姆小
鎮（Otegem）吧？

想要在喜歡的地方用喜歡的方
式生活，又想甩掉對經濟的憂
愁，工作換宿似乎是個還不錯
的選項。

看著小巧的比利時夾在各國中間，既然時間所剩不多，就把剩餘的日子留給這裡吧！不然對於比利時的點滴記憶，全是暗無天日的黑工血淚、一盆盆堆在二樓廁所的炒飯和黃稠油膩的鍋子，似乎有失公道。

在網海浮沉尋找，發現有對住在比德交界的霍爾茨海姆村（Holzheim）的老夫婦有座花園需要人手……喔！「被森林包圍的花園」這句話從字裡行間自動出列，不停地向我招手。簡單幾個字卻充滿畫面，對於好一段時間關在廚房當人形油煙機的自己，是個可以用新鮮芬多精淨化身心的絕佳機會。

和老夫婦幾封信件往來確認後，我開始收拾行囊，準備以橫切西瓜的路線由西南的法比國界一路至東的德比邊界。老夫婦的幾封來信中，不斷地提醒東部山丘地形有多不親民，沒有足夠的體力和心理準備千萬別輕易嘗試騎腳踏車前往。但看了也不以為意，反正我什麼都沒有，有的就是時間。漫漫長路慢慢騎，總會到。

離開當天剛好碰上奧特海姆鎮的大日子，全國注目的年度自行車賽事會

經過此地，早在幾天前街上的房舍便紛紛張貼出選手海報並插起旗幟，大伙忙進忙出，忙著搭蓋臨時帳、忙著張羅小吃搬啤酒、忙著和左鄰右舍噓寒問暖說八卦，復活節的兔子也沒閒著，提著籃子忙著四處發送巧克力蛋，原本不見人影的小鎮居民，這會全像是在春夏之際大雨來臨前的飛蟻般傾巢而出。

中午時刻，小馬路兩旁早已被圍觀群眾填滿，大家引領盼望時不忘啜口啤酒，交頭接耳地與鄰居閒聊，遠方傳來陣陣騷動和緊跟在後的歡呼聲，先是遙遙領先的一兩台呼嘯而過，接著是還不分高下的車隊，黑鴉鴉一片以極快速度橫掃過眼前，直到全體過境，巨大的農作機才緩緩地出現在山坡上，成群結隊地鳴笛作響，為慶典畫下結尾。

一股腦兒把家當全塞進背包後綁上腳踏車後座，走上二樓看看依舊是施工現場的臥房、盤據在各角落的工具和窗外被遺棄在庭院中的沙發，雜草依舊叢生但不知名的花朵也開了滿樹。騎上載滿家當的腳踏車，穿行在散去的人群中以龜速向東騎去。一個人的鄉居歲月隨著漫長的冬日一起結束。

在一切開始之前
都是
烏漆嘛黑的

｜為了單車賽傾巢而出的小鎮村民、三巨人和復活節兔子。

黑工歲月，生活裡最大的變化是窗外的風起雲湧。

CH.2

森
林裡的
祕密花園

從踩踏間漸漸變慢的頻率和汗水視眉毛於無物的穿流，我扎實地體認到比利時小歸小但東西部是全然不同的地理與風景。眼前起伏的小丘陵像是墨綠色的湧浪向東推進，波長越短頻率越高，森林的占地隨之廣闊。

根據老夫婦的說法，新家位置在小村莊外圍的聚落——是個完全沒有店家、動物比人多的好地方。翻過一座座山丘，終於看見樹叢裡低調（真的很低，不到半人高）立著指向聚落的路標，其實倒也用不著如此費心，畢竟眼前只有一條路。

進入聚落前是一大段豪爽的直下坡，直衝著人喊：「來吧！終點就在前面！」讓人不忍拒絕這等盛情。儘管行雲流水的雙腳是千百個不願意臨時喊卡，雙手卻還是不受控制地為了美景按下剎車——綿延起伏的山丘鋪上層疊綠意，傳統房舍圍繞著一棟古樸老教堂，被一望無際的土地和天空輕柔地承接覆蓋。

帶著森林氣息的微風把沿途連續山坡的折騰和問路問到色狼的不愉快當場全數驅散。森林裡的山居歲月，開始讓人充滿期待。

狼來了？！

老夫妻的個性一柔一剛，隨和的他總被嚴謹的她碎念太過隨便，好脾氣的爺爺倒也無所謂，以柔克剛成就兩個人的地久天長。舊農舍改建的大房子設計由兩老一手包辦，規格在主人的喜好滋養下壯大，成就一棟主題式迷宮：大大小小飄散著各種香草氣息的種子培育室、分門別類堆著來自世界各地礦物的藏寶房、四面八方放眼望去全是原木堆疊成牆的舊柴房、放滿由植物花草提煉香精酒精的地窖……

一個個空間看似各自成一格，卻又以奇妙的邏輯相互連結。在這偌大的空間裡，早、午餐各自打理，爺爺奶奶和我基本上只有晚餐會在餐桌聚首，客廳通常沒人停留只是路過。三個人同在一個屋簷下卻又幾乎互不見人影，反而比較像是一個人住。

直到一個禮拜後家裡多了個新成員，才開始有了變化。來自美國長島的愛麗絲沒跟著兔子跌入樹洞裡，倒是持著廉價機票縱身跳進了歐洲，拖著一只行李箱，從家鄉的海來到了異國的森林。從此工作多了夥伴也難

得身邊有伴，白天拈花惹草、黃昏後四處溜達的日子，過得倒也輕鬆愉快。有天，騎著單車前往隔壁小村的路上，無意發現一條通往森林的小徑，從小小的入口看過去是枝葉交織篩出的點點光斑，灑落在路徑的轉角盡頭，我們於是成了好奇心十足的愛麗絲，一頭鑽進不知名的通道。

藏在樹叢裡的高腳獵寮、流淌在壁崖下的溪流和搖曳著不知名野花的大草坡，在在召喚著我們越走越遠、越走越深⋯⋯此時，天色漸漸轉換成黑幕，在林間小道漫無目的踩著踏板閒晃亂逛、興致正高昂的兩個人，冷不防被澆了頭冷水──這可不是形容詞，是真的開始下雨了！落下的點點雨滴，提醒我們已過了返家時間，而方向感早在左轉右彎時被甩得老遠。心裡還想著沒關係，循著來時路逆向回推就可以了吧？誰知沒踩幾下，感覺似乎不太對勁⋯⋯

不會吧！？有沒有這麼會選時間地點？下車察看，果然前輪爆胎了，一根尖銳的木刺深深扎進內胎。我們瞬間從美麗奇幻的世界中轉場，來到下著雨的黑森林。愛麗絲眼中閃過一絲憂慮。

「別擔心，沒事的。」

安慰她的同時在心中默默計算剛才在起伏的山路上把旅行車當越野車用所累積的里程數，大約需轉換成多少在黑夜步行的時間。突然間撞見一頭半人高的小鹿，正埋首在樹叢中大口嚼著生菜晚餐，我們沒來得及驚嘆，便聽到森林深處傳來一聲嚎叫！小鹿不知道是因為人還是聲音，驚慌地豎耳抬頭一蹦一跳，眨眼間消失。

先前愛麗絲硬壓下來的不安情緒在此刻瞬間衝到頂點，她臉上的表情和剛剛受驚的小鹿一模一樣，夢遊的小女孩成了小紅帽，她快速地四處張望，身體不自覺朝腳踏車靠攏，脫口問出：「是狼嗎？這森林裡有狼嗎？」

森林沒作任何回應，黑暗中只剩我們疾步踏在落葉枯枝上的脆裂聲。不

秘 林
密 裡
花 的 森
園

知道過了多久，前方的樹林透出白湛湛的光，路寬開始向左右延展，我們加快腳步，果然接到一條鄉間小道，到了森林另一頭，走進一戶亮著燈的民宅借電話聯繫上老夫婦。

「出門不帶手機地圖，騎車不帶修車工具，還在傍晚跑進黑森林！我看你們最大的問題就是出生沒帶腦！兩年前有個退伍軍人在裡面迷路走不出來，一直到一年後才被發現屍體，真搞不懂你們在想什麼？到底知不知道這樣有多危險？……」老奶奶快嘴罵人的功力實在了得，劈哩啪啦一長串比雷聲還要大，中氣十足不用換氣也不會喘的能耐直逼星爺電影《九品芝麻官》裡的石榴姊，想起老爺爺曾經說過的——保持沉默就對了。在電話裡被老奶奶惡狠狠地臭罵一頓後，我們倆淋著雨站在路燈前的岔路上，直到老爺爺的小貨車從山坡頂出現，把我們從路邊撿回家。

再見、再見

幾個月前，與德國友人馬汀通信時，他說難得離這麼近，一定要聚聚。
心裡想，雖說比利時和德國東西相鄰，但一個在西德邊境一個在東德大
城，兩者距離差了快七百公里，算是哪門子的鄰居？想不到到了周末，
這傢伙當真買了張兩百多歐的火車票，還帶著腳踏車來了。

上次和馬汀見面是什麼時候呢？好像是六年前在德國德勒斯登火車站。
火車離開前，我們併肩坐在車廂內，記得馬汀臉上帶著一貫彬彬有禮的
微笑，眼鏡後的雙眼卻紅了。多年不見，老朋友，還好嗎？

即使人已經到了相約碰頭的德比邊界小鎮，感覺還是很不真實。邊界小
鎮不是普通的小，是那種放眼望去，鎮上有幾棟房子都數得出來的規
格，但因為位居邊界要道，所以什麼都有，人來人往好不熱鬧。剛到小
鎮還沒停好車，一個熟悉的身影從轉角的咖啡店走出來。

是記憶中彬彬有禮的微笑，臉上的眼鏡不見，多了鬍子也少了當年的稚

| 人和人之間的關係像是搭火車，在各自旅途上偶然遇見，相談甚歡後相互
陪伴，只是沒人知道身邊的人會陪你坐到哪一站。

氣。九年前一起在英國聖‧伊麗莎白中心（St. Elizabeth Center）當國
際交換青年時，從天黑聊到天亮的默契讓分開的這幾年像是一眨眼。頭
幾分鐘的拘謹距離，很快在你一言我一語中消失殆盡。

反正不趕時間，我們決定回去前先在邊界小鎮四處閒晃。這裡有間阿斯
克里普納博物館（ArsKrippana），藏身在某間紀念品店的後方，大部
分時候沒開燈。兩尊等人高的人偶穿著奇裝異服分別站在收票閘門的左
右兩旁，漆黑的入口有股莫名的吸引力，像是藍鬍子公爵城堡裡最後的
一扇禁忌之門。

上次路過這間博物館時把錢拿去買咖啡蛋糕，過門不入，今天時間還
早，我跟馬汀便找到博物館館長（同時身兼紀念品店老闆與店員）幫忙
開燈和購票。我們先去紀念品店的結帳台櫃付錢，接著館長和我們一起
走到博物館入口，取走我們剛到手不到一分鐘的門票，並一絲不苟地說
歡迎光臨，最後自己走回櫃台。

雖說這是專門收集世界各地耶穌誕生像的博物館，但館裡同時也展示各

秘密花園 林裡的森

時期的人偶，從近代笑容可掬的塑膠芭比到早期神情嚴肅的木刻洋娃娃，數量眾多的人形偶分門別類放在曲折展間裡，除了出入口外完全沒有其他門窗，巨大黑暗中只有幾盞燈從展示櫃內透著光，像是穿過時光隧道的途中隔著玻璃窺看昔日的生活情景。而這與現實恰好相反，人們總是在多年前互道再見之後，隔著螢幕從來往的信件和社群網頁上的動態消息窺看彼此的現在進行式，偶爾留下幾句關心。

這個周末像是修圖後略嫌做作的電影海報，呈現人們對完美周末的想像，眼前的場景是光線透過樹梢化成無數小光圈打在林間小道上，我們騎著腳踏車在其中穿梭，話題也從過去一路聊到未來，坐在湖畔靠著大樹，嚼著早上準備好的三明治，腳邊放著蘋果和香檳。和莫內（Claude Monet）畫筆下〈草地上的野餐〉如出一轍，似乎沒什麼好挑剔的了。

只是，面對多年後的再見，分道揚鑣後的時空阻隔還是讓彼此漸行漸遠，曾經的過去都已經過去，我們都需要重新適應倆人之間的距離該要靠多近才不顯得過分親暱，又要維持多遠才不會太過生疏。

離開前他留下一本刻著精美圖騰的日記本，打開封面後在空白頁面的一角用藍筆寫著：昨日是歷史，明天是未知，今天是禮物，所以我們稱現在為「禮物」。希望有更多精彩的冒險在前頭等你，然後我們將在某處再見！馬汀‧霍爾斯姆　二〇一五/五月

是嗎？或許吧，在某個地方。

霍爾茨海姆村一定有什麼特殊磁場或是肉眼看不見的漩渦能量，會把好幾年不見的老朋友從過去的時空通通捲到現在。離開森林花園只剩倒數幾天，數日前才剛和馬汀揮手告別，幾天後在倫敦工作的妮可便飛過英吉利海峽，換了幾趟公車後到訪。老友配上紅酒和起士、腳踏車搭配湖畔和森林，同樣是久別重逢，一樣是個沒得挑剔的週末，和先前稍稍不同的是，這次我會跟著訪客一起離開。

有人離開，留下的空位就會有人補上來。在打包離開前最後一個晚上，遇見下一梯來工作換宿的新成員，一胖一瘦的兩個義大利女人。晚餐後我和妮可識相地離開客廳，讓老夫婦和她們單獨聊聊相互認識。不一會卻聽到從客廳傳來片斷交談後跟著幾句音量較大的否定句，隔著牆聽不太明白內容，只知道緊接著是一大段不太尋常的沉默，我和妮可面面相覷，現在是在演哪齣？

這時老爺爺假借拿水的名義溜出來透口氣，低聲地跟我們說：「她們不

| 搭便車三要素：陽光燦爛的笑容，顏色明亮的衣著和寫上目的地的牌子。

是來打工換宿，是來這裡找工作。」語畢後皺眉搖搖頭，再度走回客廳。嗯，第一次接觸似乎不太順利。當天稍晚，打個完美的哈欠後正準備把被子拉上好眠，門外的走廊傳來節奏急迫的對話⋯⋯

「閣樓真的很冷，之後可以搬到樓下嗎？」
「不行，上面有其他毯子，你們可以拿去蓋。」
「蓋了還是很冷，我們兩人擠同一間，可以嗎？」
「不行，你們不能搬進樓下的房間。」

不管她們如何苦苦請求，老奶奶依舊吃了秤砣鐵了心，無動於衷。比利時山區的冷列空氣讓曬了一輩子南歐豔陽的兩人難以忍受，老夫妻像是賭氣的孩子，對她們的要求一概拒絕。「怎麼那麼傻，碰面第一句就說是來找工作？」妮可低語。第一印象是徹徹底底地搞砸了，就算勉強捱過北國寒意逼人的夜，她們接下來的日子要怎麼過呢？

秘 林
密 裡   隔天一早，我和妮可打包好行李，準備離開時還沒看見她們的身影，揮
花 的   手和老夫妻告別後，推著腳踏車來到公車站，因為妮可沒有腳踏車，我
園 森

們打算搭公車後轉火車一路西行往布魯塞爾，小作停留後，她回英國上班，我飛冰島繼續未完的旅程。理想中是這樣的——偏偏現實和理想就像是國小作文簿裡寫過的夢想，十之八九都不會成真。

過了時刻表上的時間，公車還是遲遲未來，打了站牌上的服務電話也無人接聽。既然如此就用走的吧，邊走邊試試有無機會半路搭上順風車。

但可能是兩人加上一台腳踏車不容易，可能是笑容不夠陽光燦爛所以顯得不夠誠意，可能是今天農曆上頭印著不宜向西行、出門不吉……總之，就是沒有車停下來，懸在空中的大拇指顯得有些落寞。

| 花園裡的農舍豪宅。

一個月前騎車呼嘯而過的來時路起伏依舊，而今推著車和妮可一路步行慢走。

從前在路上偶爾會遇到風塵僕僕的徒步旅者，有人背著看似歷經滄海桑田、吃足了一整包鹽的舊背包，有人推著用一枚硬幣買來的大賣場推車，把全副家當推著走。

他們臉上義無反顧的表情總讓人肅然起敬，想不到有天我也會加入徒步旅行的行列，用腳步丈量兩地之間的距離，用很慢很慢的速度離開這片森林。

秘密花園的森林裡

前方的路很漫長，日子更長。

移動的箱子

為什麼是騎腳踏車旅行？

不時有人這樣問。我的答案是：因為簡單。不用因為忘了口袋裡的指甲剪，而被懷疑有攻擊飛航人員的預謀，不需要在萬頭鑽動中邊瞇眼，聚精會神盯住上方密密麻麻的火車時刻表，邊反省自己是不是度數加深該換眼鏡，或在公車站下打轉踱步、糾結著公車究竟會不會來的同時唱著「我是不是該安靜的走開～還是勇敢留下來～」——這些雞毛蒜皮的小事全省了！

輪子在你身上，隨停隨走。全看自己心情的交通工具也有其他種，像是汽、機車，但需要依靠油或電才可以跑，出狀況的時候也需要依靠他人或工具才能處理。在前不著村後不著店的荒郊野外，沒油、沒電、沒人幫，諸多考量下，腳踏車成了首選。

也有不簡單的時候，像是現在，要切換交通工具時。

帶腳踏車上飛機不是第一次，找個適合的紙箱把車拆解裝箱即可。我預

秘密花園的森林裡

計搭乘從比利時到冰島的班機再不到兩天就要飛了，所以早在一個禮拜前就在網路上找到腳踏車店家，請店長幫忙預留紙箱。對一個心思散漫行為隨便的人來說，這是多麼縝密的規劃啊！不枉費行走江湖多年吃過很多次土⋯⋯可惜，這次還是吃癟了。

人到了現場，目睹店長的臉從錯愕到抱歉。是的，他忘了。紙箱在昨天的回收日過後全部清空了。接連跑了三家，全得到一樣的回應⋯⋯因為回收日剛過啊！眼看飛機明天就要飛了，也只能硬著頭皮繼續找。終於打聽到一個剛到貨的紙箱，還來不及開心，看見店員把它拖出來的時候心都涼了。

好個龐然大物！是整台腳踏車可以直接牽進去的那款尺寸，這⋯⋯機場櫃台真的會買單嗎？但只能將就將就。我右手牽著腳踏車左手扛著一只比人高的紙箱，走在布魯塞爾人口密集的商業中心，比街頭藝人還綜藝的存在。

普普藝術大師安迪沃荷（Andy Warhol）曾說：「在未來，每個人都能

｜飛行前拆解腳踏車打包裝箱時，都會有「假如有縮小燈或任意門就太好了啊！」的念頭。

成名十五分鐘。」只要抓住時機，每人都可以讓自己被世人看見。想必就是現在了，這輩子最受注目的時刻。只是說好的十五分鐘，怎麼成了一個多小時？

在走完二分之一路程時，路邊出現一棟堆滿紙箱的工廠，抱著一線希望進去打聽，雖沒找到紙箱，但獲得一張手稿地圖，標示著附近一家腳踏車店的位置。不抱太大希望的去看看，小店坐落在廣場旁的轉角，小小的招牌、小小的店面很容易錯過，是網路上遍尋不著、自家經營的那種傳統店家。

推開門後，迎面而來的是兩張大大的笑容和精神飽滿的招呼，店主是一對充滿活力的父子檔。在一陣比手畫腳後他們拼湊出我的困境，爸爸雙手插胸，擠眉弄眼地說要跟我做個交易，笑笑說道：「我來占個便宜，用小箱子跟你換大紙箱。」

經過一番折騰，壓在心裡的石頭隨著扛在肩上的紙箱一同落地，終於可以讓腳踏車順利地飛上天。

ICELAND

ALL is
FULL of
LOVE
Björk

CH.3 「　　　關於
　　　　　那些生活

　　　　　了事」

前情提要：腳踏車順利地飛上天。

實際情況：嗯，並沒有。

沒錯，當時的我和你一樣感到萬分震驚。不過不要怕，沒事了，事情都
過去了。現在可以輕描淡寫地說，但當時的光景可沒這麼雲淡風輕。飛
機著陸後，人們循指標魚貫走進行李室，在巨大的行李輸送帶旁目不轉
睛盯著小小的黑洞，吐出一個個相似度極高的行李箱，一批批人來一批
批人走，等到它再也吐不出任何東西，人也走得一乾二淨，只剩我站在
原地盯著空蕩蕩的行李輸送台。

嗯？不會吧？果然，地勤人員再三確認後，一臉抱歉地說腳踏車還原封
不動地停留在布魯塞爾，需要等其他飛機運送過來。「好……好吧。」
這個「好」說得咬牙切齒。原先預計一路往北騎的計劃硬生生腰斬，但
事情發生了也只能接受，至少先離開機場，前往冰島首都雷克雅維克再
作打算。

想不到這場狀況劇還沒結束，先前在網路上預訂好的接駁車遲遲沒出

現，頂著狂風暴雨，佇立在預定的地點癡癡的等，最後連在旁邊的接駁車司機同業都看不下去，幫忙撥了幾次電話，回應的卻只有無止盡的嘟嘟聲。這下好了，等啊等，等到最後一台接駁車都離開了。

俗話說：「人若衰，種匏仔生菜瓜。」但我的老天爺啊，您至少要給菜瓜啊！怎麼可以拿走腳踏車又不給人接駁車呢？只能夜宿機場隔天再戰。睡機場不是問題，問題一是不確定腳踏車什麼時候會到，二是機場人員需要一個確切的地址來處理後續事宜。於是我只好搭隔天的接駁公車前往原本預計一個禮拜後才會騎車抵達的農場，在那等待遲來的腳踏車。

"I feel
emotional landscapes
they puzzle me"

Björk,
Joga

pass the word

那些
二 生 關
三 活 於
事

困獸

遠遠地，就看見農場主人斯弗里爾在站牌旁等候著，身旁跟著一位身材壯碩、皮膚黝黑的年輕人。他是維克，從紐西蘭到冰島工作換宿的夥伴。「初次見面，很高興認識你。」簡單握手問候後，一行人就坐上小貨車，前往只有兩個人和一群牛的農莊，開始北國農場新生活。

當初會選擇工作換宿是想藉由一般日常來認識國家，過一種偽當地人的在地生活，想像中，若和他們一起吃飯工作閒話家常，似乎會有更多機會接觸到圖片文字無法傳達的真實。至於為什麼是農場？很簡單，反正沒在農場工作過，多個生活經驗也很不錯。

假如「農場工作」這四個字讓你腦海浮現牧羊人身著俏皮牛仔吊帶褲，臉上帶著陽光笑容剪羊毛的畫面……不好意思，請在選取圖檔後直接拉進垃圾桶按右鍵清空刪除。現實和想像中的差距比菲力彼得斯（Philippides）從馬拉松跑回雅典的距離還遠，也不是幾個小時就可以結束的。

農場裡，每日的固定行程是清晨六點三十起床，七點在牛舍集合開工，一人跳進牛欄內趕牛排隊入場，依序進入擠奶區，另一人在擠奶區內開機灑水準備就位。擠乳工具早已從萬能的雙手進化成真空拔罐器，一個個吸口連著黑色管線接到集乳桶裡。

先把乳頭一個個用熱毛巾擦拭後逐一接上吸口，過程注意機器訊息和給狀況不好的病牛灌藥，結束後再幫每頭牛擦凡士林，接著再輪下一批，每梯次間要把擠奶區通道和機器全部清洗過，三十多頭牛每梯八頭，總共要輪四次，全數輪完後，再拿耙子把早已屎尿遍地的牛舍一勺一勺鋪滿乾淨稻草，結束後放牛回籠。最後在裡裡外外大清洗和消毒後結束……第一回合。

除了早晚各一次的擠奶之外，還有源源不絕的雜務：拖地、洗窗、打掃家裡，也可能是在戶外清石頭、打樁、架籬笆。幾天下來除了天天超時工作外，沒有人與人的交流，只有天天面對一群牛。

講到牛，在這裡終於見識到什麼叫牛脾氣。乳牛們應該覺得擠奶是一件

很無奈的事情吧？一早還沒睡醒就被人拿著棍子打屁股，驅趕進細窄走道，乳頭反覆地被機器大力吸咬，即便紅腫難受還是被壓榨到再也擠不出一滴白乳，所謂的活動空間也僅僅是在柵欄和柵欄間移動罷了。

不意外，總有幾隻牛會死撐到最後，躲無可躲才不情不願地用鼻子噴著氣半推半就地走進擠奶區，牠們也算是工作換宿，只是沒門路離開。記得有一頭連續好幾天，頑強地不顧棍棒抽打都不願意起身，也拒絕進食的黑色母牛，牠逐日消瘦的臉上有對成牛少見的、渾圓透亮的黑眼睛。某天早上，農場主人提著槍走進農舍，一聲槍響後此起彼落的悲鳴久久不停，牠終於找到門路離開了，我想其他的乳牛也知道吧。

漸漸地，我不太喝牛奶了。

離開的自由

斯弗里爾惜字如金，平常生活裡除了幾句工作上的指示，我們幾乎沒有任何交談。我小聲地詢問維克，他用幾乎是耳語的音量說農場主人喜歡安靜、怕吵，所以大部分的時候整個房子被無聲緊緊包圍。像是封在真空包裝裡，走路都怕太用力踩破了寧靜。

他念國小的女兒偶爾回來農場暫住的時候則除外，高分貝的說話聲加上不合她意時發出的陣陣尖叫會一再暴力的撕破平常音量管控的標準。這個家就在這兩個極端點上大力擺盪，兩者都令人喘不過氣，或許這就是斯弗里爾平常這麼需要安靜的原因吧。

斯弗里爾的姊姊因為就住在農場附近，不時也會前來一起用餐。她和在農場打工換宿的人們沒有太大交集，關係僅止於知道彼此是誰而已。這天在忙完固定

農場勞務後，斯弗里爾交派其他男生去外頭打樁做圍籬，我則是負責打掃屋子裡眼見所及的一切。一切包含著亂到幾乎像是裝置藝術的女兒房間、每間浴室牆壁上需要用刀子才刮得下來的萬年水垢、每扇玻璃窗上的每一粒最細微的塵埃⋯⋯所謂的「休息時間」在埋頭苦幹的時候消磨殆盡，再抬頭已經是晚餐時間了。

姊姊剛好也到了，她進門後劈頭的第一句話是「你今天做了什麼？」，雖然當下有些錯愕但也沒太在意，心想她可能只是不知道要和我說什麼吧。直到在對方開始翹著小姆指用食指輕輕摸過窗框角落，以一種宛如舞台劇女角的誇張姿態嚷嚷：「唉呀，這邊還有些灰塵呢～」看見她微皺著眉下眼裡一閃而過的輕蔑，才恍然大悟她不是不知道和我說什麼，而是不想跟我多說什麼。

在她眼裡，打工換宿的人似乎不過是個給點食物就該努力工作的免費勞工，丟個枕頭套就可以任意使喚的多比小精靈。

幸運的是，比起牛和多比，人有來去的自由。

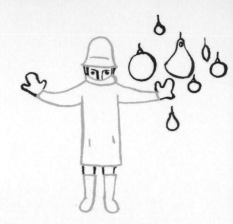

風雪與血淚

幾天後,腳踏車終於被送到農場。看著千瘡百孔的紙箱上好幾個比椅墊還大的洞,連原本塞在裡面當保護墊的外套都掉了一半出來,那肚破腸流的可憐模樣,我完全不敢想像過去這幾天它經歷了什麼慘無人道的對待,只能利用空閒時間加快手腳修復它。確定車體不會散且輪子還會轉後,就是多比小精靈重獲自由告別農場的時刻。接著要去哪呢?

想著下一步該往哪走,直接開始腳踏車環島覺得路過速度太匆匆,先看看有沒有更適合停留的地方吧。我隨手點開網站,想不到這麼剛好,有間藝術中心正在找人手,需要有設計相關背景。太好了!我隨即發信聯繫,幾個小時內就收到對方回應,效率極高的透過網路通訊軟體面試,拍板定案。就是它了,位在冰島北部的胡薩維克(Húsavík)。

離開農場當天剛好是自己的生日,明明是六月卻漫天大雪紛飛。北國哪來的竇娥冤?早該知道決定來冰島的那天起,就確定今年要與夏天擦肩了。農場主人問我準備好了嗎?「好了。」毅然決然穿上雨衣穿上鞋,

在天寒地凍的冰島，舊時代討海人穿得像是藏鏡人般密不透風是件再合理不過的事情。三指手套讓人在冷到不能自己時不用管左右手，輕鬆穿戴。

挺胸回答，十足把握的樣子。儘管外頭的大雪早已鋪天蓋地，話既然說出口能不硬著頭皮上嗎？從農場到藝術中心的距離不過三十八公里，怎樣看都是一天可以抵達的距離，不過是起點風下點雪，有什麼好遲疑？

上路後一顆顆的雪花在接觸到皮膚的瞬間融化，混合著汗水一滴一滴全滑進衣服裡，不到半小時裡外全濕了。嘴鼻呼出的陣陣白氣捲進籠罩周圍的白幕裡，視線所及之處淨是白茫茫的一片。路途中有幾段坡路雖然起伏較大，但也還用不到全力，穩穩地逆風前行。沒問題，可以的。直到後方衝來一台大卡車。

它在僅容車身寬的小路上高速行駛，以幾公分的極小距離擦過我身後的馬鞍包，腳踏車隨即被速度刮出的強風震倒在地，腿上壓著車身在碎石坡下滑拖行一小段，當我起身時豔紅鮮血從膝蓋的破口滲出褲子，沿著小腿直直流到底，在白色雪地上綻開一朵朵小紅花。因為受傷的腿無法在上坡前爆衝加速，導致騎速直線下降，後來的路程開始不那麼輕

鬆了，面對異軍突起的大上坡只能認命下車，費更多的時間和力氣才能前進一點點距離。騎速慢了，身體就冷了，寒冷的時候能量總是消耗特別快，身上只剩下聞名國際的比利時巧克力，我毫無心情細細品味，只能像吃滷肉飯一樣塞滿嘴後大口吞下。可惜隨即發現這麼做暖的只有嘴巴，身體還是冷得直發抖啊！一路上不時要把車停在路旁開始不斷原地跳，跳滿一百下，再接著繼續騎。

出國前有位朋友傳來電影《白日夢冒險王》的主題曲祝福旅途平安，是冰島獨立樂團「獸人樂團」（Of Monsters And Men）的歌曲〈髒爪子〉（Dirty Paws），裡面有段歌詞唱著，「有那麼一段時間，所有的

事物全都附上一層冰霜，凝滯在冰天雪地中，所有觀戰的生物都滿懷畏懼，躲在洞裡」（So for a while things were cold, they were scared down in their holes）音樂MV裡是一隻擎著旗子毛茸茸的黑色怪獸，不斷逆著風雪前進……當下的處境，差不多就是這個樣子，只可惜少了件毛茸茸的大外套。

腦海裡不斷反覆播放這首歌，騎著有生以來最漫長的三十八公里，八個小時後終於在山坡頂上看見峽灣內的小鎮，瞇著眼吃力地望著下方，看見在海的旁邊有棟頂著尖尖綠屋頂的小教堂……終於到了，生日快樂。

峰迴路轉的第一天

「 ⋯⋯⋯⋯⋯⋯⋯⋯⋯⋯⋯⋯⋯⋯⋯⋯⋯⋯⋯⋯⋯⋯⋯⋯⋯⋯⋯⋯⋯⋯ 」

這不是分隔線，而是我真的一句話也說不出來。就連最強而有力的語助詞，都因為過度震驚而卡在喉嚨吐不出來。

十幾個小時前和自己一起挺過大風雪的夥伴，如今靜靜躺在後院的草地上。扭曲變形的輪框、車袋架像是被卡車輾過般斷裂崩解。不過一個晚上的時間，鐵錚錚的千里馬怎麼成了現在的頹廢模樣？

盯著眼前的景像，回想起昨天傍晚院子裡發出的陣陣喧鬧，一群青少年似乎在外頭玩得很盡興，窗外閃過幾次他們跑跳的身影，當下也不太在意。不‧太‧在‧意，就是錯在這裡，錯在自己的不太在意，即使在號稱全球第一安全的冰島也不應該如此掉以輕心。

藝術中心的負責人是來自倫敦的山姆，也是當初網路面試我的老闆，得

知上班第一天就出事，驚訝之餘也幫忙詢問哪裡可以買到修車材料，可惜小鎮上沒多少人口，沒有太多腳踏車，就更別說腳踏車店了。

大部分的車店都集中在首都雷克雅維克，最近的位在九十三點六公里外的阿克雷里市，不算太遠，只是打電話過去後得知店裡也沒有可替換的輪框，需要從首都訂貨後轉送到北方，得等上幾個禮拜的時間。也因為冰島是全球物價排名第四的國家，價錢當然也是站在讓人引頸仰望、錢包備感渺小的那種高度。

四處詢問的結果，無論時間價錢都讓人倒抽一口寒氣。沮喪之餘在無意間發現一線生機，某個網頁上有個不起眼的角落寫著「腳踏車迷」，下面不見其他註解，只放上一排字級很小的地址標示位在胡薩維克，居然就在同個鎮上！不確定這個腳踏車迷是扮演怎麼樣的角色，不過既然是當地人，或許知道更多門路吧？

我提著扭曲變形的輪子，循著地址來到一戶民宅前，按了門鈴後有位白髮蒼蒼的老先生出來應門，手裡還拿著老花眼鏡和報紙，我暗叫不妙，

是不是找錯人了？可是雖然語言不通，但老先生看見輪胎後似乎一切了然，招招手要我跟著他走。繞過小花園拉開車庫門，左右兩面牆掛滿各式各樣的工具，更後面是一整排大大小小的中古輪胎，老先生檢視著輪框上刻著的小數字，最後遞過來一個車胎，對我點點頭。

不過幾分鐘時間，過程中沒有任何對話，沒有收取任何費用。單純的好意讓原本的愁雲慘霧撥雲見日。心情從科羅拉多大峽谷的谷底瞬間躍上珠穆朗瑪峰巔，好的、壞的，都是人生。新生活的第一天，外頭的風雪終於停了。

| 6月17日冰島國慶日，胡薩維克的街上，罕見居民比觀光客多的日子。

阿克雷里市（Akureyri）舉辦藝術節，整個城市都是藝術館，每個路人都是藝術家。

I'VE COME FROM NOWHERE, AND I'M NOT SHY TO GO BACK.
-Jason Statham

藝術家日常

在藝術中心裡總有些莫名其妙的人走來走去。所謂的莫名其妙就是一些你不知道他們名字，但一個比一個奇妙的存在。

一位不論天氣放晴陰雨，總是戴著墨鏡穿皮外套出場，活脫脫是依演員傑森・史塔森（Jason Statham）翻模製造的光頭型男，不定時會晃進來隨手拉張椅子坐下，開始有一搭沒一搭閒聊，然後在喝杯咖啡後拍拍屁股走人；另一位身材精實、個性開朗健談的平頭大哥也是常客之一，他喜歡特定某把棧板打造的靠背椅子，手拿著一疊紙，不時埋首搖筆；還有一位元氣飽滿、聲如洪鐘的胖大叔，也常進來天南地北話家常。

日後才知道，這些疑似吃飽沒事幹的閒雲野鶴們並非真的這麼閒——光頭型男不是送快遞的飛車黨，而是掌握四方消息的記者，近期才從每天疲於奔命的首都回到幾乎無事可報的小鎮；平頭大哥也非泛泛之輩，他是在海上漂泊的船長，也是頗有名氣的音樂人，手上那疊紙全是他腦海裡反覆翻攪的音符；至於胖大叔，家住在一座小離島，在人口逐年外移

| 傑森：「我本無名之輩，所以不怕回到原點。」

最終人去樓空後，成了孤島上的唯一居民，還真不知道他是做什麼的。
藝術中心像是下課後的學校頂樓坐擁整片天空，是人們忙裡偷閒的避難
所，也成了收集小鎮最新情報的好聚點。

那藝術中心的藝術家在哪兒呢？英國的山姆和法國的瑪莉娜是藝術中心
的負責人，雖然這樣說有點殘忍，但大部分的藝術家都知道，光靠藝術
是填不飽肚子的。所以山姆平時在學校教美術史，課餘舉辦用大量生活
雜物堆疊成牆的個展和充滿懷舊氛圍的維京影展。瑪莉娜在賞鯨船公
司當導覽，下班之後忙著用各國傳說當基礎，創作出千奇百怪的海洋幻
獸，等著被收藏進她的奇幻博物館裡。

除了他們倆是長期留營的校長兼撞鐘外，還有來自各地的駐村藝術家，
例如：來自巴黎的索尼婭利用鯨魚骨灰作為顏料，畫出鯨魚們擱淺在絹
紙上的姿態，透過鯨魚的骨骸探索牠們與人類的連結；來自加拿大主修
政治、留著落腮鬍的克里斯結合電腦混音搭配冰島傳統弦樂器；還有另
外兩位來自美國，我記不得名字的影像藝術家，拍攝了大量冰島大自然
的景象，畫面裡一人靜伏在一角不動，另一人用不斷倒退重播的手法重

覆跨過圍欄。展覽開幕當天，觀眾安靜專注地看著投在牆上的影像，看著他們若有所思的樣子，我也不由得陷入深思。

而藝術家的日常呢？他們也會在大賣場爭奪偶爾出現的特價蔬果、在展覽前幾天才開始加緊趕工、喝下午茶時和大家玩從網路上看到的心理測驗、在星期五晚上去酒吧參加小鎮舉辦的有獎猜謎……和一般人沒有什麼不同。若真要說哪裡多點文藝氣息，可能就是在周末時因為索尼婭需要火烤鯨魚骨頭，所以一夥人就去看得見群山覆雪的海岸烤鯨魚骨頭順道烤羊排，在克里斯用冰島的傳統樂器Langspil在山海間演奏古調時塗抹辣椒醬……這應該算是最具文藝氣息的羊排了吧？

類似古箏的傳統樂器Langspil，可以用手拔弦弓拉或是錘擊演奏。

上班風景，下班航行

地圖上，假如找到坐落在斯喬爾萬迪海灣（Skjálfandi Bay）的胡薩維克，就會看到下面寫著「冰島鯨魚重鎮」（The Whale Capital of Iceland）字樣。藝術中心位在一棟早期被作為漁貨倉庫的雙層連棟建築的二樓，正後方是戴著尖綠帽白牆紅邊的百年木造老教堂，面對著海港。

裡面的空間分佈是一排長廊串連數個大隔間，有工作室、展覽室，和供駐村藝術家任意玩耍的展演空間。面對走廊的整排牆大半面由一扇扇玻璃窗組成，窗牆旁有張簡單的方型大桌，是人們群聚喝茶吃飯作心理測驗的地方，也是大家的辦公桌。

沒隔間沒裝潢的室內橫樑管線裸露是走在潮流尖端的LOFT工業風，吹著二十四小時全自動的海風空調，放眼望去是一百八十度的超廣角無敵海景，前景是停泊著大小船隻的港灣，背景是浮在海上的白雪群山，別忘了不時抬頭看看夾在前景和背景間的海，因為不時會有鯨魚穿梭優游。

我的工作主要是負責設計藝術
中心外牆和電影播放室內牆的
圖樣，以及在展覽開幕前協助
各種佈展事宜。山姆是很人性
化的老闆，偶爾遲到早退，喜
歡每天早上喝黑咖啡，每天午
餐前後開門，一天五小時依個
人意願選擇工作時段，假如超
時加班可自行擇日補休。

胡薩維克也是個很人性化的小
鎮，只要有鎮上任何單位的志
工身分，就可以免費參觀鎮上
所有的博物館和乘坐賞鯨船。
我在這個風平浪靜的天堂小鎮
裡，開始過起上班看風景下班
航行的愉快生活。

冰島的《定居之書》（冰島語：Landnámabók）記載胡薩維克是冰島第一個有挪威人定居的地方，一千兩百年後，它也成了我在這座小島的家鄉。

| 斯喬爾萬迪海灣上不時會出現稍縱即逝的小雲朵，那裡就是鯨魚的所在。

雖然鎮上有好幾家賞鯨公司，但船型基本上大同小異，主要分成航行三小時的動力賞鯨船和四小時的木造帆船，前者會相互通報，循鯨魚出沒的動態四處移動，船隻是條大鐵塊，鯨魚則宛如海中的移動磁鐵，依鯨魚尺寸大小決定磁場強弱，吸引著賞鯨船緊緊尾隨。木造帆船是沿著固定航道乘風航行，隨風向控帆但不為其他變數改變方向。

在一樣的海域航行卻又是那麼地截然不同，坐上動力船像是跳上非洲大草原的吉普車，心情隨鯨魚的現身起伏，不時驚呼讚嘆著牠們扭腰擺臀的性感姿態。帆船總是以入定老僧的姿態慢慢前行，即使不遠處的天空出現一朵朵鯨魚噴出的雲朵也不隨之躁動起舞，只是遙遙看著一道劃在天海間巨大的圓弧線，廣大浩瀚中一切都顯得微乎其微，鯨魚也是。

在這小鎮出沒的藝術家、觀光客和打工仔們就像侯鳥，在夏天飛來在冬天離開。

CH.4

「行，不行啊？」

在胡薩維克的好日子轉眼過了幾個禮拜，宿舍後山的雪線逐日因雪融昇高，露出棕色線條，而今更被整片綠意覆蓋，滿山遍野的紫色花苞蓄勢待發。心裡既不想離開，甚至一度有「剩下時間就全待在這裡吧」這種任性想法；也想離開，動身才能遇見在前面路上等著的未來，未知讓人無法抗拒地想看見，不然潘朵拉和浦島太郎沒事何必把盒子打開呢？

去了最後一趟超市，把車袋裡僅存的空間用食物填滿後準備前往下一個地點。停在小鎮後方第一個山丘頂上，回頭看著再熟悉不過的海港小鎮，玩具模型般的百年小教堂依舊。帶著「這次離開就不會再回來」的淡淡感傷回到騎行路，但在過了幾個海灣沒踩幾下踏板後，我便把不捨遠遠地拋在身後。

避避風頭，好過活

冰島以震撼人心的自然景觀聞名，吸引了全球大自然愛好者，但觀光局寫出的文案卻是出人意表的珠光寶氣，西南方把黃金瀑布（Gullfoss Waterfall）、蓋錫爾噴泉地熱區（Geysir and Strokkur）和辛格維

I, KUSAMA, AM THE MODERN ALICE IN WONDERLAND

-Yayoi Kusama

爾國家公園（Þingvellir National Park）併在一起，打造「黃金圈」響亮亮的名號。東北方也不遑多讓，帶著輸人不輸陣的氣勢把米湖（Mývatn）、魔鬼瀑布（Dettifoss）、胡薩維克鎮等景點兜在一起，為排山倒海而來的觀光客推出璀璨閃耀的「鑽石圈」。

我對貴氣逼人的黃金鑽石雖然提不起什麼興趣，但倒是頗受米湖吸引。可以被隨地盡是風月無邊的冰島規劃成特別保護區絕非泛泛之輩，加上就位在胡薩維克東南方約六十公里處，這麼近的距離沒有不去的道理。正因一心覺得不遠，所以拖到下午才出發，但自從爬上高地之後，我就知道用距離的數字來估量騎乘時間是件天真到愚蠢的事情……

雨忽大忽小的持續下著，似乎沒有停的意思。濕黏泥濘的小路像剛經歷炸彈猛烈攻擊的戰場，坑坑巴巴的路上佈滿大小不一、避無可避的泥濘窟窿，臉上幾乎被一圈圈的咖啡圓點占滿，十足的草間彌生風格。

不行啊行？，

分不清是凝結在眼鏡上的白霧還是籠罩在周圍濃厚的水氣，讓可見度剩不到幾公尺的距離。自從爬上高地之後，沒有邊界的空間讓風更加張

| 日本當代藝術家草間彌生，她說自己是現代夢遊仙境裡的愛麗絲，我說她
　 更像是用圓點稱霸世界的女王。

狂，整個人像是被冰在冷凍櫃裡吹冷氣，輪胎壓過碎石攪和著泥巴，隨
手抹去眼鏡上的白，只見不遠處是拔地而起的上坡……

身心俱寒之餘，忽然想起幾天前在路邊遇見的一對中年夫妻，他們選擇
將自己的轎車運來環冰島。先生見到我掛著車袋綁著帳篷的腳踏車後，
轉頭對她說：「看到沒？還說我的車太老舊不能繞完冰島，別人是騎腳
踏車耶！」太太露出不太甘心的表情，轉頭看著我確認道：「這車有裝
電動馬達，對吧？」

看著眼前一波未平一波又起的上坡路，我還真希望車上有裝電動馬達。
冰島惡名昭彰的狂風正迎面衝著來，連下坡路也得用盡踩上坡的力道才
能前進。尤其國道一號之外的路段多是碎石土路，大自然打造的減速坡
道綿延到天邊，羊三兩成群不時從路旁草叢探出頭來，嚼著滿嘴草盯著
你看，像是邊嚼著爆米花看著用慢速度播放的公路電影。

在這種情況下，不意外的，抵達米湖時已經快天黑了。「晚上睡哪
裡？」通常在天黑前一個小時我便會開始左顧右盼，若運氣好遇到風水

孟克：「沒有恐懼和疾病，就永遠不會
有我現在的成就。」

寶地，就可以安全下莊。風水寶地有幾個重點：避風頭、近水源、隱
密又出入方便。運氣不好的時候，則得依照當地條件依優先順序做取
捨——就像現在，沿途看了好久還是沒有，光線沒了就更沒籌碼挑三揀
四。而在冰島野地紮營的優先考慮很簡單：一是避風，接著是避風，然
後是避風——認真的，沒在開玩笑。

用僅剩的殘光環顧四周對照地圖，我已經騎到特別保護區外圍的岔路
口，一條路延伸到湖畔旁的草叢濕地，另一條周圍是破碎翻起的熔岩
地形。進退兩難的同時看著導覽告示牌前有個大型凹地，目測深度似乎
稍嫌不足……算了，沒時間磨蹭，直接把帳篷搭好登記入住。果然，差
不多有五分之一的帳篷探出洞口，但至少大部分是安全的，應該還可以
吧。躺在睡袋裡一邊安慰自己，一邊盯著被猛烈強風直擊的帳篷頂不停
地劇烈搖擺，想著《綠野仙蹤》裡被龍捲風連屋颳走的桃樂絲是不是也
有一樣的心情。

不
行
啊
？

行
，

「啪」一聲清脆的聲響讓人瞬間清醒。不！～～當下只有孟克畫中那位
因為不知名原因站在橋上尖叫的人可以了解我的痛苦。面無表情也沒發

WITHOUT FEAR AND ILLNESS I COULD NEVER HAVE ACCOMPLISHED ALL I HAVE
– Edvard Munch

出任何聲音，我只是繼續安靜的躺著，外頭是狂風呼嘯的黑暗，除了躺在被風吹斷骨架的帳篷裡，還能怎麼樣？至少情況不會再糟了。阿Q式的自我安慰著，然而當「嗒、嗒、嗒」幾滴水珠陸續滴到臉上……心中的孟克吶喊再度像被海流攪動的水草一樣扭曲擺動起來，身體依舊像被點了穴道般動彈不得。

因骨折而傾斜的帳篷搖搖晃晃地硬是撐過了整夜呼嘯的狂風，黑夜裡的躁動隨著凝結在眼鏡上的水氣被曙光蒸發殆盡。鑽出濕冷的睡袋，頹然傾倒的帳篷看起來有點哀傷。「After all, tomorrow is another day.」經典小說《飄》女主角郝思嘉坐在殘破的大宅前說的這句話也像是在對我說。終於熬到了明天，接下來，去哪裡修理開了天窗的帳篷好呢？

避風港

蹲坐在一角盡量讓自己隱身在人群中，四四方方格局簡單的白色房間裡，十幾坪的小空間擺了六張白色的四人桌，盡頭處放著四層金屬置物架，疊滿各式各樣的鍋碗瓢盆供人自由使用。小小的天地是整個露營區

最熱門的地方，溫暖明亮的自助煮食區，每個人用大同小異的食材做料理，然後不約而同地把手靠近冒著煙的炊具取暖。在這裡不用擔心冰島氣候的陰晴不定，為所有過客遮風避雨，也成為最理想的帳篷急救室。

在狹小的空間內側著身，把斷裂的骨架用牙線纏繞後再用膠帶捆緊，接骨完成後接著進行把膠帶貼滿外帳的防水補強大工程，手上拿著出外人必備的銀色大力膠帶，桌上鋪著攤開的外帳……半小時後一頂宛如高科技產物的銀色帳篷大功告成，在陽光下閃閃發亮。雖然完全違反出門在外保持低調的最高安全原則，但至少可以讓你在五花十色的露營區裡一眼找到屬於自己的帳篷丘陵。

露營區的公用空間是設備最完善的避風區，除了擋風遮雨之外也有機會在彈盡糧絕時找到各式補給，前人沒用完的食材、帶不走的瓦斯罐，甚至被風擊垮的各式帳篷——只要花點時間把完好的原件拼拼湊湊就能再製成一頂弗蘭肯斯坦風格科學怪人樣式的合成帳篷。在這座風雨交加的小島，我便是這樣前前後後換了三頂帳篷，從兩人帳、三人帳到四人帳，我的移動城堡越換越大間（驕傲抬下巴）。

不
行
啊
？
　
行
，

| 當再厚的外套也擋不住寒風刺骨，穿上睡袋是個再合理不過的選項。

不管是晴天的風和日麗小確幸，陰天的文青式憂鬱還是暴風雨目中無人的張狂，都很好。

噓，不能說的祕密

離開內陸高地，接往國道一號後開始順時針環島。比起之前路上的車多了些，不過所謂的多了些，不過是從「整天遇不到任何車」到「可以遇到四、五台」這等程度的變化，倒是越來越常遇到各國自行車騎士。其實冰島一直是自行車旅行者的熱門路線，路線簡單絕不怕迷路之外，人少車少兼治安好，冰島面積比台灣大三倍的國土只住了三十多萬人，加上三分之二的人口聚集在首都，所以只有在接近村鎮時才會稍稍感覺到「這座島上還是有其他人存在」。

在冰島雖然很享受無人之境的自由，但也得小心野鶴無糧的困境，最好隨時算準身上的備糧，在全數用罄前抵達下個補給點。像是大名鼎鼎、打著「全國最便宜」口號的粉紅豬超市（BONUS）挾高人氣，穩居最佳補給站的寶座，是在冰島活下去的重要生路之一。這天趁著好天氣，在超市前的空地把連續淋了好幾天雨的裝備全攤開，拿石頭壓在地上曬。忙完一轉身發現旁邊多了兩位騎士，他們笑著看我炸開一地的家當，我也笑著看他們噴了滿臉的泥沙，身上有同道中人的氣息。

不
行
啊
？ 行
，

| 冰島溫泉從野溪轉場到游泳池，本質不變但後者卻像在浴缸裡泡熱水。

兩位騎士也是在路上剛認識的，高瘦的德國人湯姆予人感覺穩重謹慎，他說在退休後就一直在世界各地騎車旅行，另一位義裔美國人強，體態精實，態度輕鬆幽默。三方人馬對於接下來的路程各有想法，但都會在小鎮過夜休息。湯姆說住在有屋頂的地方是他給自己每天辛苦騎車的獎賞，流著義大利血統的強說寧可隨地睡也要把錢用在美食上。兩人對吃住的要求不一，倒是異口同聲的說要先去一趟游泳池。

果 然 是 游 泳 池 啊 ！
在冰島，這絕對是無庸置疑的肯定句。在許多歐洲國家，人們有事沒事都喜歡往酒吧跑，幾杯黃湯下肚後家事國事天下事無所不談，相較之下，這裡的人似乎用不著買醉也可以直接袒裎相見。

冰島人幾乎天天去游泳池報到，先來回游個幾趟再去熱水浴池坐一圈，和左鄰右舍話家常，比在酒吧坐著喝酒來得健康些。對當地人來說，游泳池是重要的社交場合，對天天餐風露宿的自行車騎士，則是最划算的澡堂，洗頭洗澡洗衣服最後用泡溫泉做結尾，出來通常是幾個小時之後的事情了。

既然游泳池是重要的社交場合，那這些現代化的游泳池出現之前，在這座一年四季都可能淒風苦雨的北國小島，人們該何去何從？別擔心，既然坐擁豐富的地熱資源，冰島人是不可能會浪費這個先天優勢的。聽不只一位當地朋友說，再小的鄉鎮聚落，附近一定會有座野溪溫泉，而隨著冰島觀光盛行，觀光客幾乎無所不在，當地人只求一個不被打擾的地方，野溪溫泉自然而然成了村民心照不宣的祕密。

當初也是因為我在胡薩維克待得夠久，被列入半個在地人的狀況下，才有獲知祕密溫泉的資格。溫泉和小鎮雖然不過走路半小時的距離，但在沒有人帶的情況下真的找不到。一棟冒著煙的木造小建築藏匿在後山坡上比人高的草叢後，設備很簡單，只有一間男女共用的更衣室和一間小小的淋浴間，裡面掛著自助式投幣的小木箱，一個人收兩百克朗當清潔費，換算台幣差不多五十五元上下。

就一個長方形的露天浴池，中間放著一個可拆式的木板，簡單隔成高溫搖滾區和平易近人中溫層，兩個白色塑膠水桶飄在水上供人輪流使用，十幾個人就可以把溫泉池擠得動彈不得。沒有台灣溫泉的多樣與精緻卻

有無與倫比的寬敞視野，星空銀河是天花板，群山森林為牆，少了空調機器的嗡嗡作響，空氣裡夾帶海風吹來的微鹹和忽遠忽近的鳥鳴，時短時長地說著牠們的日常。

不愧是當地人才知曉的祕密景點，坐落在小山頂上，巧妙的藏身在城鎮後方，像是披上隱形斗篷般，誰也看不見卻又視野極佳，眼前望去是沒有邊界的海平面，上面覆著一長條覆雪的山脈和幾艘繞著鯨魚轉的小船，海鳥群則在黃色燈塔邊盤旋。夏天永晝時可以看著太陽在粉紅色的天空緩緩落下後靜靜地升起，像顆被海平線彈回來的火球；而漫長的冬夜讓寒風吹過臉頰，靜靜仰躺在溫泉裡看極光旋轉舞動，讓大自然緊緊包圍。想像著假如有天這裡來了人潮車流……噓，我們都別說。

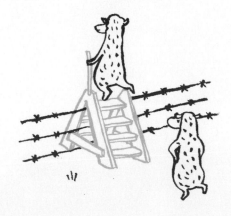

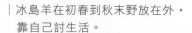
冰島羊在初春到秋末野放在外，靠自己討生活。

FREE WILLY Are You Looking For Me?

尋找威利

「請問，你知道要怎麼找到自由威利嗎？」

雖然問遊客服務中心感覺好像有點兒怪，但我還是鼓起勇氣問了。「什麼威利？」不愧是資深的櫃台服務人員，什麼千奇百怪的問題沒聽過，對方及時壓住眉毛挑動，面帶微笑的反問。「那個，自由威利。」我說。話才說出口就知道這聽起有多莫名其妙，趕在被攆出去前及時補上一句，「他的綽號叫自由威利，聽說就住在這裡。」

都皮沃古爾（Djupivogur）不愧是個居民不到五百人的小地方，剛好路過進門的小鎮警察幫我們解了惑，說他住在街上的最尾端，還保證「看到就知道是哪一家。」太好了，終於要見到自由威利了！自從聽某位在藝術中心一起工作的夥伴提起，就想著若騎到這裡絕不能錯過。

不是因為威利素人藝術家的身份，而是聽說他握有野溪溫泉的位置。想著即將手到擒來的祕密，我的嘴角不自覺地往上揚，沿途左看右看，就怕錯過警察口中說「看到就知道」的那一家。

不行啊？行，

| Free Willy，中譯《威鯨闖天關》
　為電影史上最受歡迎的動物電影之一。

最後我在一棟紅色的兩層樓建築前停下
來。一般人家應該不會在入口左右兩邊
擺上整副的鯨魚骨頭吧。我靠近一看，
庭院裡立著比人還高的圖騰柱，門口堆
著五顏六色的大小礦石，千奇百怪的漂
流木動物看似隨性地站在草坡上。走進
屋裡，沒開燈也沒看到人，牆壁上掛著
手掌大小的手工藝品，貼滿新舊不一的
創作草圖。東張西望的同時，房子深處
傳來逐漸逼近的腳步聲。

一位身著圖騰花背心、頭戴呢絨蓋耳小
帽的大叔從暗處走出來。是位活力十
足、話題和動作都停不下來的藝術家。
幾句來往後很快地熱絡起來，在談話中
他無意間得知我的帳篷出了狀況，人就
咚、咚、咚地跑上閣樓，東翻西找後拖

出在年少時代陪他四處流浪的老帳篷，算算至少四十
好幾，當年它在外頭頂風擋雨的時候，我都還沒出生
啊，沒有現代裝備的輕量化卻絕對粗勇，沉甸甸的重
量與心意抱在手裡也放在心裡。

離開前走上庭園後方的草坡，坡頂上面對海的那一邊
站著一排人，是威利用石頭堆起的人像，旁邊都會放
個小小的說明牌寫著各個人形的狀態。惟獨有個缺口
沒有人只有牌子。好奇走上前只見牌上寫著：「現
在，你站在瞭望崖上凝視著海洋，如同一位水手的情
人、女人、小孩或是老婦，等待著漁夫為了他的家
人、父親、兒子或是祖母，從危險的航程划著小船帶
著食物回到岸邊。老天……有時他們再也不會回來，
只是永遠的消失在這個世界上。」

不　行
行　，
啊
？

人們站在山坡的邊界成了缺口處的石像，看著、盼
著、等著。像是在海的另一端，都有每個人的盼望。

| 冰川氣泡裡存著的古老空氣，是來自過往的線索。

冰川下的蟻獅

你問我冰島的公路狀況嗎？幾個禮拜下來，經由雙腳痠痛指數和汗水累計量為基礎，確認冰島的公路狀況和命名的數字符號有密不可分的關係，不是百分之百符合但機率是十之八九。基本上，數字越大痠痛指數越高，兩位數字和三位數字的公路很有可能讓你汗流浹背，除此之外還有一種前頭放著「F」的公路，慘不忍睹的路況不只讓人淚流滿面更會邊騎邊罵，「F」開頭命名也是剛好而已。

自從離開充滿數字和F的內陸高地，接上環島一號公路，遇到人車的比例大幅提高，全朝著各大景點聚攏。當擦身而過的車出現頻率越來越高，不用抬頭張望也知道「有一個很厲害的什麼」在前方。人車越密集的地方往往越出名，不是沒見識過大場面，但名聲響亮到需要在前不著村後不著店的荒郊野外替腳踏車找停車位倒是頭一遭。

把車停在停車場的邊緣，一時間不太適應身邊轟隆隆的人潮車聲，回頭看了一眼孤伶伶的腳踏車，被大車包夾顯得有點格格不入。

帶著一絲遺棄它的罪惡感，走進一處像是被搭建出來名為《冰島》的電影場景裡。眼前赫赫有名的冰川湖像是巨大的白色鯨魚，深吸一口氣後把四面八方所有的浮游生物吸納到嘴裡。

唔，該怎麼說呢？不知道為什麼眼前的畫面讓我想起漂浮在杯子裡的冰塊。不是從自家冰箱上層拿出來的自製冰塊，是威士忌廣告裡被頭髮梳得油亮的西裝男拿在手裡輕輕搖晃，不時發出「嘟、嘟」聲，晶瑩剔透的那種。至於人，如同成千上百個杯緣子小姐用各種高難度的動作把自己卡在邊緣上，拿著相機「喀嚓、喀嚓」不停地拍著漂浮在杯子裡的冰塊。站在瓦特納冰原（Vatnajökull）南端、境內最大的傑克沙龍冰河湖（JÖkulsárlón）前，我一邊望著湖面上的浮冰一邊幻想著詹姆斯·龐德在這上演你來追我啊的007萬年戲碼，同時被杯緣子小姐們團團包圍的景象。

其實，冰島沒有「很冰島」。當初透過飛機上的小窗，第一眼看見的就像是塊龐大的布朗尼蛋糕鋪上可口的白色糖霜，看起來很美味的樣子。接下來的日子裡，發現這個位在北極圈邊緣的小島，因為有了墨西哥灣暖流的防護罩而綠意盎然，即便冬天溫度再低也不過零下幾度。傳說第

不行啊？行，

一個發現冰島這個好地方的維京人，擔心蘇格蘭人來占地盤搶資源，便冠上冰島（Iceland）的頭銜，好減低大家興趣。反觀坐落在不遠處的格陵蘭（Greenland），卻因第一個登島的居民發現是塊冰封之地後覺得空虛寂寞覺得冷，便把這座大冰塊取名綠島來欺騙大家移民過去和他做伴。眼前的冰川只占全島百分之八，但似乎最能符合人們對冰島的想像。總之，冰島其實不太「冰」。

七月中旬，下午三點四十六分，陰天。
傑克沙龍冰河湖的上空分佈著百分之三十二的雪白、百分之四十九的灰濛和百分之十九的墨黑，在層疊裂縫中透出一抹湛藍。天際線下是散落在湖面、含著空氣氣泡的白色新浮冰、湖水如實地映照出天空的晦暗灰濛、一座座突兀而起的雪柱冰牆夾雜的火山灰黑和萬年浮冰隱隱散發出的淡藍色光。切割上下的界線隱匿在觸不及的灰色地帶。

晚上九點零三分，天光乍現。一道光劃破灰白的圓頂，陰霾連同燃起的炊煙散去。白晝將盡，停車場空了不少，換成群鳥停泊。湖邊光鮮亮麗的杯緣子小姐們似乎也紛紛打卡下班，剩下行囊簡單的背包客在水邊搭

起一個個湖景第一排的獨立套房。起風了，夾帶著萬年冰川的寒氣讓手臂瞬間爬滿雞皮疙瘩。脖子一縮直打哆嗦。

離開湖景第一排的繽紛喧囂，我靠著漸暗的餘暉繞過躺在岸邊的大小碎冰朝冰川深處走去，盡頭處是冰壁前的平地，上頭密密麻麻的小黑點是黑白相間的雁鴨在群石後方探頭探腦，既然已經被占地為王，我也不好擾鴨清幽，便轉身爬上右側的小山坡。回頭看是綿延不絕的冰川和一座座浮島冰山，土坡上一眼望去是疏密不均的凹洞，有的半個人高，也有的深達兩層樓，彷彿被隕石群砸出的漏斗型凹地。

秉持著避風頭的最高原則，我選了一個約九公尺寬六公尺深的凹洞，把帳篷搭在倒三角型的尖端。洞底有個空酒瓶、一頂破損的毛帽和沾滿塵土的長袖上衣，人卻不見蹤影。夜深了。躺在帳篷裡聽著冰川崩裂時發出的軋軋作響和冰塊墜河的嘩啦聲響，想像著潛行的白龍在黑夜無人之境悄然甦醒，隨著牠鱗片發出喀啦喀啦的節奏漸漸入夢。夢中有一頭成人高的蟻獅，幾乎隱身在地底的棕土色身軀不安分地扭動向上鑽，上個月那個微醺的鬍子男早就消化殆盡，肚子都凹下去了啊。牠露出小小的

不　行
行　，
啊
？

頭小小的眼睛眯著看，彎刀般的巨大前顎不斷張合，移開擋在上面礙手礙腳的腳踏車，嘎啦、嘎啦……看來再沒幾下就可以咬破帳篷了。最後的緊要關頭，我用後腳跟猛力地向下踹過去……

「！」猛然撐開眼皮，睡眼惺忪地看著被自己踹得東倒西歪的行李和杯盤狼藉，帶著啼笑皆非的無奈，一把拉開外帳拉鍊，衝面而來的是一陣寒氣。不動刀、不用錢，臉皮瞬間緊實。只見一塊塊崩裂中的冰川在微透藍光的清晨裡墜落湖面，激起陣陣亮白的水花。

國境之南的洞穴屋

七月二十一日，晴時多雲偶陣雨。大逆風，就如同大部分的日子一樣。

輪子轉啊轉，轉到了小島最南的維克小鎮（Vik），可能是沿途側逆風太強，一直左右晃的關係，晚上七點天還亮著，我人卻已經懶洋洋地躲在路旁的加油休息站避風頭，在荒郊野外紮營，是以天為蓋地為席的逍遙自在，在城市鄉鎮露營，則是夜宿街頭引人側目的尷尬。

不
行
啊
？
，
行
，聽著窗外的旗子激動地發出「啪、啪、啪」的劇烈聲響，宣告著即將到來的淒風苦雨，聽得心都涼了。內心不停地碎念：「有人的地方好麻煩

啊～晚上到底要睡在哪啊？」皺著眉一邊整理行李一邊瞄著牆上的時鐘，離休息站關門的時間只剩十分鐘。忽然間腦中閃過一幅畫面，記得在抵達小鎮前約兩公里處、一片綿延幾百公尺的陡峭壁崖下的圓拱型山洞，像是藏匿在懸崖偷窺的眼睛，當時我還回頭多看了幾眼。洞穴擋風避雨又和小鎮村保持不遠不近的安全距離，這選項似乎可行。回到風雨交加的路上，雖然寒風依舊，至少來時路的逆風前行轉成了順風推行。洞穴離馬路有段距離，隔著一片田地，連著好幾天的雨讓土壤與田埂全糊成一灘泥水，鞋子踩在濕黏的泥巴上，啪哧啪哧聲嚇走原先在這徘徊吃草的羊，深陷的足跡和一條車胎印出的蛇行一路到了洞口。

往內探探，洞穴比想像中寬廣，約有四公尺高度和兩輛車並行的寬度。左側有一個圓柱型的小倉庫，屋頂只剩下木頭骨架聊勝於無的撐著。地上有火堆留下的焦黑和一塊特別平坦的四方型壓痕，用手探探營火還殘留最後一絲餘溫，看來之前的房客才剛退房不久。

洞穴外半人高的野花雜草提供最自然的掩護，就算刻意往裡面看也很難發覺內有帳篷。渾然天成的遮蔽所成了國境之南的家。

海 岬 上 的 大 明 星

抵達維克小鎮的第一天,在遊客中心等著拿地圖的時候,無意間聽到一位來冰島自助旅行的英國老奶奶和服務人員的對話,原來她訂好一晚兩百多英鎊的房間其實在另一座遙遠的小島上。只見她雙手一攤,聳肩笑道:「你永遠不知道老天對你的安排啊~」

後來走在冰島最南端的迪侯雷海岬(Dyrhólaey)的碎石路上,再度遇見老奶奶迎面而來。「見到帕芬鳥了嗎?」她笑著問。在此地用這句話打招呼就像台灣人們用「呷飽沒?」來問候一樣親切自然。

「才要上去呢。」我也笑著回她,明明只照過一次面心裡卻浮上莫名的親切感。告別後謹記著老奶奶提供的尋鳥關鍵「只要找到人群,就找到帕芬鳥。」往海的方向移動。走到海角盡頭,我還來不及喝口水順便感嘆天地之悠悠,轉頭就驀然驚見一群人趴在懸崖邊,以各種奇妙又詭異的姿態匍匐前進。

毫不意外，很快的我也跟著趴在地上。冰島國鳥帕芬（Puffin）黑白相間的身軀一隻隻立在峭壁邊緣，白色濃妝的臉上嵌了雙三角眼，精雕細琢的下眼線沿著圓滾滾的腮幫子一路描到底，鮮豔的鳥喙層次分明，腳踩亮橘蹼掌，不時看似困惑地歪頭看人，彷彿是畫著小丑妝的小企鵝在觀眾面前扭腰擺臀，難怪搶盡風頭和鏡頭。

從海岬的另一端走下去是火山熔岩風化後的砂礫鋪成的黑沙灘，人們在沙灘上來回走著，留下密密麻麻的深淺印記，像是翻攪不定的碎波浪，也像是黑色海洋。而環繞沙灘的是長短不一的玄武岩柱，彷彿照相館裡高低不一的座椅，邀請家族成員親朋好友依序入座合影留念。不遠處的海蝕洞裡，帕芬鳥把屁股對著狹小的出入口，企圖用黑色尾巴混進黑色熔岩卻沒藏住白屁股……曬著北海暖陽，躺在黑色海洋上的我這樣想著，不知不覺睡著了。

從黑色沙灘要回到維克小鎮只有兩條路，一是翻過地吼雷海岬（Dyrhólaey）原路折返，二是從海岬後方繞行的公路接回鎮上。我衡量該用體力換取時間或是拿時間保存體力的當下，眼看著不停來去的車

輛，靈光一閃「看到」省時又省力的第三條路
——豎起大拇指亮出白牙齒，企圖展現出最善良
無助的樣子。來不及卸下背包就有車停下來了，
兩位美國德州女孩把堆滿後座的鞋子衣服一把推
到地上，我坐上車，連一首歌都還沒來得及聽
完，就回到停在鎮上的腳踏車身邊。

聽說冰島盛行背包客搭便車環島，沿途確實也看
了不少。搭便車像是玩俄羅斯輪盤，等的人不知
道要站多久，載的人不知道來者何人。騎腳踏車
在路上遇到站在路旁等待順風車的背包客，只能
對他們投以微笑並在心裡祝他們好運。

偶爾在幾分鐘過後，埋頭踩踏板的我會從呼嘯而
過的車窗發現剛剛的身影，他們往往會轉頭對我
投以抱歉的微笑，豎起訓練有素的大拇指，透過
車窗無聲地告訴我「祝你好運」。

行不行啊？

傳說被女巫施下魔法的黑沙灘蠱惑著人們前仆後繼，最後在黑沙白浪間逐一消失。

午夜熱河趴

我站在村鎮入口標示著地圖的告示牌前，望著圖上相互交錯的街道，努力回想在路上遇到的西班牙自行車騎士口裡說的夢幻營地該怎麼走。他講得簡單——就在翻過這村鎮的後方山丘，只要沿著路走、走到無路可走會看到一個小小的停車場，繼續順著山徑走到底就對了——問題是路這麼多，是要沿著哪一條？

好在，外地人頭上的問號被救兵看見了。遠遠地，一個小胖子騎著一台略小的腳踏車，用幾乎看得見殘影的轉速從兩條街前的巷口衝過來，圓鼓鼓的腮幫子微紅略喘地抬頭問道：「有什麼我可以幫忙的嗎？」聽完我的困境，他指著地圖告訴我，「這裡，從這條走就可以到了。祝你順利！」語畢便迅速地消失在前面的巷口。

肯定是童子軍吧？多謝他日行一善的美德，省下迷路羔羊鬼打牆的光陰，讓我一路順順地到了山徑入口處的停車場。但偏巧是個尷尬的時間點，人們陸續下山離去，山路隨著日光將盡越發顯得隱晦不明。決定先

在山腳下紮營，在帳內熟練地開火煮食，填飽肚皮，不時傳來的引擎聲
隨著最後一組人馬呼嘯而去。真空般的安靜中，月亮悄悄升起。走出帳
篷抬頭一望，漆黑的層疊山巒中只有狹小山徑染上月色，曲折隱晦的線
條攀在山上直到消失在坡頂。

線的另一頭是什麼？帶著無論如何都想知道的心情，我彷彿被催眠般地
開始往山裡走去。黑暗中，殘存剪影的山脊稜線成深淺錯落的黑色墨
痕，一個人在巨大中充斥著不可名狀的平靜，只有腳下碎石漸弱的崩落
聲和自己的鼻息心跳。

走著走著，在一個轉彎後見到不遠處的谷底有白煙冉冉升起，越走白煙
越顯張狂，瞇著眼仔細看，從溪流冒出整片的白像是要取代被黑淹沒的
山谷。水溫逐漸升高，帶著溫度的白霧隔絕了山區涼意，小徑邊多出幾
個不斷噴出氣泡的水窟，被繩索拉出界線，空氣裡佈滿了記憶中飄散在
三峽樂樂谷裡硫化氫特有的臭雞蛋味。種種跡象顯示目的地惠拉蓋爾濟
溫泉（Hveragerði Hot Spring）不遠了。

眼前這條冒著煙的野溪在月光映照下閃閃發亮，旁邊是沿水岸曲線蜿蜒的木棧道。這裡就是西班牙自行車騎士口中的夢幻營地啊！在這裡黑與白全攪和在一起，從冰涼空氣中跨入流動的熱河裡，像是做了一個靜默而沒有台詞的夢。不知道過了多久，聽見窸窸窣窣的人聲由遠至近，宣告著一人世界的終結。

十來個金髮碧眼的年輕人從山坡後逐一露臉，手提圓鼓鼓的手提袋，身上帶著小背包，此起彼落地說著聽不懂的語言。他們在發現此地有旁人後臉上難掩驚訝表情，但也隨即點頭微笑示意。一行人在下游處安置下來，從宛如四次元袋的小背包中陸續掏出零食、飲料、啤酒還有音響（會不會太專業了些）……不一會兒，一位身材高大臉孔卻依舊稚嫩的

不　　　　行
行　　　　，
啊
？

| 黑夜的無以名狀和白天的過於喧囂。

男孩走過來，遞上一罐凝著冰珠的啤酒和無瑕笑容說道：「來，加入我們吧！」誰能拒絕呢？觀光客離開後的觀光寶地，冰島人的比基尼趴正要開始。

午夜派對不知幾點結束，摸黑下山沒過幾個小時，天就亮了。我迫不及待地再次上山，這回不用走的，而是把旅行腳踏車當成越野車，在狹小的山路土坡上下顛簸奔馳，只想快快回到昨晚做夢的地方。沿路上不時要左右閃避上山的人們和專門運送觀光客的馬群，看來這才是溫泉祕境的熱門時段。果然，木棧道上放著成堆的衣服，河裡泡滿青年老少好不熱鬧，跟昨晚好不一樣。深吸一口氣，閉上眼潛入熱河裡，黑茫茫中只聽見咕嚕嚕的水流聲，似乎又再度回到幾個小時前的黑白夢境裡。

地殼裂縫裡的深深深藍

環島繞行，越接近尾聲也代表越接近最初起點。靠首都越近，人車數量也跟著直線拉高，此一數值在辛格維勒國家公園（Þingvellir National Park）到達巔峰。眼前的主要道路上出現大型遊覽車龍，魚貫上下的人們可比大廟裡的進香團。

幾個「重點區」的露營地更是人聲鼎沸人滿為患。大家努力把帳篷盡量搭得離隔壁遠一點，卻還是只有對到眼會尷尬的距離，只好小心翼翼地避免四目相接。物理上靠得越近，心理上似乎越不想有交集，人真是複雜的生物啊。還沒到紮營的時間，稍作休息後我就繼續上路，循著指標上的記號騎上蜿蜒的山坡。

這、這是什麼東西？
我氣喘噓噓地停在一路上死命咬牙、面目猙獰，好不容易騎到的山頂上，看著環山群綠的正中央那灘灰濛濛的湖水。山頂上僅有一小塊勉強停兩台車的空地和一標示著觀光景點的告示牌。堂堂國家公園怎麼可以

不行啊？ 行，

| 眼神交會的瞬間不知道該看哪裡，只好不斷地翻白眼了。

這麼不長進？這也太讓人失望了吧！這其中一定有什麼誤會……其實湖水上點綴著幾塊蔥綠小島畫面也算討喜可愛，可能是剛剛在被層層上坡凌遲時，太過催眠自己前面就是絕世美景的反作用力導致的失望吧。

帶著高期待後的高失落感離開過於喧囂的搖滾區，往乏人問津的小岔路騎去。照地圖看來，在小路盡頭應該有個周圍「什麼都沒有」的露營區。確實，路上除了兩台像是走錯路後折返的小轎車外，沿途的荒涼讓我也不禁懷疑自己是不是走錯了……直到看到熟悉的露營區三角符號才鬆了口氣。湖畔的廣闊草地上只有三頂帳篷，中央立著一間迷你的木造廁所。幾個小小的人影走進湖裡，安靜地甩竿，夾在天地山水間等待，誰也不趕著去哪。世界變得好大，人自在。

可能是因為人多等於事多意外多，這裡標誌牌也特別多。從常見的景點指標到「小心路滑跌倒」、「請勿投入各國錢幣」、「禁止沒事堆石堆」到「注意潛水員過馬路」……五花八門應有盡有，要提醒的事情真不少，但等等！注意潛水員過馬路是哪招？眼前鮮豔的黃色立牌上，注意行人的小黑人身上多了氣瓶、蛙腳和面鏡走在斑馬路上。

我心想也是，戴著面鏡的確很難看到左右來車，套上長長的蛙腳也不易加快腳步，所以要小心注意穿潛水裝的人過馬路也頗合理的⋯⋯但，有誰會穿成這樣過馬路啊？

說時遲那時快，眼角有個穿著整套潛水裝的人剛飄過去？
我狐疑地轉頭一看，整群和標誌牌上一模一樣的黑衣人從遠方走過來，每個人被緊身潛水裝擠成一圈的臉上帶著認真肅穆的表情（穿成這樣走在烈陽下肯定是笑不出來），前方是看似荒蕪的砂礫石丘搭著綿延無際的山脈當背景，空氣中有條無形的河緩緩流動，路面上蒸騰的熱氣讓地表微微變形，他們慢慢地走到湖邊，一個接著一個跳進水裡，直到消失在看不見的深處。好想看看他們去了哪裡啊～

| 以拯救地球的氣勢過馬路，是潛水人應具備的姿態。

原來此地潛水活動盛行，除了因四面八方的火山岩地形形成了渾然天成的濾水器，使得湖水能見度不論陰晴都在好幾十米以上，湖底下更有一道狹長的地殼裂縫，讓潛水者可以在美洲板塊和歐亞板塊的邊緣來回潛游。看著黑衣人們噗通噗通跳下水，我想游進地殼裂縫的心也跟著噗通噗通的跳個不停。

下一刻的我也滿臉猙獰地套上緊到快不能呼吸的潛水裝，戴上頭套後臉上的橫肉像是擠牙膏般從正面缺口處溢出來，現在懺悔早餐不應該吃太飽也來不及了。接著換自己成了黑衣人一員，走過黃色立牌旁的斑馬線，過於緊繃的潛水裝讓手腳像是被打上石膏般僵硬，簡直可以稱職的演出《陰屍路》裡的喪屍。一行人浩浩蕩蕩終於趕在熱衰竭前抵達湖邊，在領潛員簡單介紹路線後大家開始依序入水。

「好涼！」悶燒在身體裡的炙熱，在下水的瞬間急速降溫，手腳和身體也迅速的恢復靈活。「企鵝原來就是以這樣的狀態活著啊。」嘴裡含著呼吸管，開始有種可以理解牠們在陸地上跌跌撞撞但一下水就生龍活虎的心情。這樣想著的同時雙腳上下用力一夾游出了狹長的水道。眼前的景像讓

乏人問津的營地坐落在國家公園最偏遠的邊界，意外闖進了喧囂中的安靜角落。

原本充斥雜訊的腦海瞬間空白——水質清澈透亮
到像是湖水不存在，人失去重力，輕輕地漂浮在
亮藍色的外太空。

光線穿透湖面，成了閃耀不停的波紋，打在細長
柔軟的海草上，湖底滿是比人高、散發著螢光的
青綠色海草在水流中旋轉起舞，潛入其中隨即被
數以萬計的海草淹沒，像小丑魚鑽進海葵般感到
安心（容易纏身喪命的危險動作，所以隨即就被
領潛員抓出來了）。

繼續往前游到了地殼裂開的缺口，看不見底的裂
縫裡被深深深藍填滿，像是多年前被遺忘的夢
境，一股無形的力量拉著自己直直往下墜，最後
回到生命最初的樣貌———一顆小小的藍綠菌藻。
在盤古大陸分裂前，在深深深藍裡輕輕搖擺。

在千奇百怪的小人告示牌中，其中最讓人難為的是禁止在機場裡睡覺。

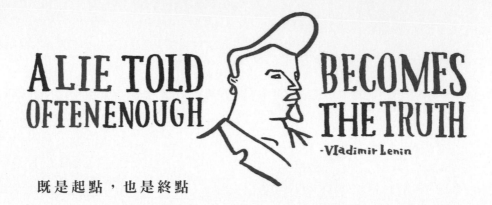

A LIE TOLD OFTENENOUGH BECOMES THE TRUTH

-Vladimir Lenin

既是起點,也是終點

路標上距離首都的公里數逐日遞減,預告在冰島的日子已開始倒數計時,即使要我每天不斷在飄雨下雪逆風的泥巴土路上掙扎,即使路程充斥著躲在排水孔裡啃行動糧的日子,但能夠像現在這樣如入無人之境地看著無邊無際的奇異美景,不禁讓人每天都閃過「活著,真是太好了」的念頭。

預計進首都雷克雅維克(Reykjavik)前先在外圍的森林野地紮營過夜,不時注意著路上的指標,深怕錯過地圖上前往森林的小岔路。眼前晃過路旁插著莫斯費德斯拜爾(Mosfellsbær)的招牌和山頂草坡上像被狂風吹斜的黑頂白教堂,簡單的幾何線條是北歐慣有的俐落風格。啊!看見教堂才知道儘管自己小心翼翼,還是錯過了前往森林的小岔路。已經到了位在冰島西南部的小鎮,在首都雷克雅維克東方不過十二公里。

不行啊?,行,

就算騎到首都裡的露營區也只剩二十公里,想要一口氣騎到環島的終點

| 列寧好像比櫻木花道更適合紅色飛機頭。

站不過是一塊塞不了牙縫的小蛋糕。北方山徑上狂奔了好幾公里一路伴我前後的黑白乳牛斑小牧犬，牠還好嗎？越靠近目的地越不想靠近，思緒飄向遠方。還沒做好心理準備，突然發現終點線已近在眼前。好在小鎮上有個門口掛著五色三角彩旗的可愛露營區，由一對親切的中年夫妻經營，就當抵達終點的前一個小站吧。

訪客登記室裡的黑牆上掛著一幅鑲在紅木框裡的列寧海報，黑白照片裡的他頂著一顆《灌籃高手》櫻木花道式霸氣外露的飛機頭。露營區裡沒有露營客，只停著幾台露營車。幾對退休模樣的老夫妻坐在車旁的躺椅上翹腳看報紙，有一搭沒一搭的說幾句無聊話，像是在自家陽台曬太陽發懶的美好周末。煮食區在半圓筒型的蔬果溫室裡，光線穿過半透明的天幕，灑在綠油油的菜圃上，熱烘烘的空氣裡有濃厚的香草氣息。飯後的悠閒午後我難得暫別腳踏車，在小鎮附近漫無目地的散步走走。

鎮上一個人也沒看到，像電影《楚門的世界》裡幾可亂真的完美佈景，果園旁的矮小木屋半掩半開，推門進去發現書桌上堆著一盒盒標上價錢的鮮紅草莓，就連房裡也是空無一人。左右張望才看到門板上鑲上

一塊銀鑄的字板「IN GOD WE TRUST OTHERS PAY CASH」（我們相信上帝，其他閒雜人等請一律付現）哈，有趣的老闆，我買單！在桌上的木盒裡放進鈔票自己找零，捧著草莓帶著微笑離開。

隔天要離開露營區的早上，正巧遇到愛笑的女主人在院子裡澆花。她說周末在露營區草地有個在地農夫小市集，附近居民會帶著自家作物來獻寶或交換，邀請我一起去湊熱鬧。我說好啊，說不定周末會從首都騎回來參加，反正不到二十公里。雖然嘴裡這樣講心裡也真的這樣想，但在離開時回頭看這小鎮最後一眼的當下，忽然有種再也不會見面的惆悵。

上路後，路變寬了車也變多了，單純的一號公路變成錯綜複雜的路線，不時要停在車來車往

的邊緣路肩盯著地圖，不停被揚起的塵土噴了滿臉砂。最後的幾里路，停在進入市中心前的對岸河畔（因為走錯路所以在對岸），看著眼前的景致我仍表情木然，即便嚼著自製的長棍水果三明治配無敵美味的Skyr優格，都沒辦法讓人開心起來。對於眼前被樓房覆蓋的首都心裡沒有絲毫的期待……但最終還是得面對啊，嘆口氣後繼續默默地忍耐著人聲車鳴，灰頭土臉地抵達距離首都市中心三公里外的露營區。

首都唯一的露營區裡人滿為患，廣大的營地足以容納下六百五十頂帳篷，五星級的規格提供大到可以開食物趴的廚房、乾淨到讓人忍不住想進住的廁所、二十四小時免費供應熱水衛浴（冰島部分營地洗澡需額外付費）、提供無線網路和充電插座的交誼廳、戶外的BBQ烤肉架……

沒有什麼好抱怨的，就是人多了點。幸好沒多久我就習慣車水馬龍，適應在不時要停紅綠燈和注意行人突然暴衝過馬路的城市生活。我想，在不是舒適圈的範圍也可以過得舒適，算是自己最大（也是唯一）的才能吧！之後待在首都的白天遊走在各個博物館、美術館，晚上在不同的游泳池出沒，成了我在雷克雅維克的生活日常。許多小小的片刻，例如在

巷弄轉角間撞見讓人目不轉睛的塗鴉、笑到合不攏嘴、在某個博物館櫃台巧遇小鎮露營區的愛笑老闆娘（冰島真有這麼小還是人真的這麼少？）、在小豬超市挖掘到便宜又好吃的堅果巧克力、在街上看到衣著繽紛的冰島人排成長長的彩色人龍，等著買新開幕的知名連鎖店甜甜圈，以及在首都最古老的游泳池發現貼滿小磁磚的優雅圓角，還有被時間研磨拋光的磨石子長廊與只能容納一人的小櫃台……

隨著時間慢慢走，繞了好大一圈回到最初出發的起點，花了一些時間，正要喜歡上這個城市多一點點，才發現在不知不覺間，已經到了終點。

不行啊？，行，

隱身在街頭巷弄的塗鴉藝術，是城市裡最讓我期待的遇見。

在冰島三個月遇見的人類，數量遠比不上這眨眼一瞬。

目的地，彩虹

灰陰陰的天空偶爾灑下幾滴雨，微涼。是個適合窩在沙發裡看著村上春樹描述都市人的孤獨與失落，然後不小心沉沉睡去的星期六。但今天不太一樣——滿滿人潮讓主要街道兩側彷彿鋪上人體地毯，周圍的頂樓窗台和屋頂也被全面占領，連三、四人高的不知名雕像也被人當成瞭望台坐在屁股下，有種冰島人全站出來的氣勢。整片黑鴉鴉的人群裡參雜著大量的彩虹元素：彩虹花圈、彩虹雨傘、彩虹爆炸頭、彩虹彩妝……連通往火箭教堂的柏油路都成了一道巨大的彩虹。

突然間人體地毯一陣騷動，原來是同志遊行的隊伍到了！警察打頭陣，在重機後插著彩虹旗幫大家開路，花車上不分男女一個比一個美，留著落腮鬍的長髮美人和有著漂亮肌肉線條的夢露爭奇鬥豔，歌手忘情地又唱又跳，貨櫃車後的大樂隊演奏得熱烈。接著是鑲滿桃紅色亮片的維京船搶灘登陸，揚起另一波尖叫與歡呼聲，裂嘴吐舌的龍首船頭和高高翹起蜷曲的尾巴，船上的戰士們戴著長出桃紅色彎角的金色頭盔，粉紅鵝絨披肩搭上小可愛和迷你裙，金色長辮擺胸前，臉上滿是燦爛的笑容。

粉紅色內衣上黏著大量羽毛的年輕男孩們蹬著三吋高跟鞋驕傲地站在甲板上，婀娜多姿的隨音浪搖擺，全場鏡頭也隨之舞動。

突然間鏡頭全轉了風向，對著後面一位穿著全身黑腳踩著黑色高跟鞋的長髮男／女子，和前面搶盡風頭的隊伍相比，顯得特別沉默低調。我正疑惑著他／她有什麼特別的嗎？「喝！」一聲吆喝，他／她把手上的繩索抵在肩上，身體向前傾十幾度，用堅定又沉穩的步伐一步一步拖動後面的紅色廂型貨車往前走。多麼強大的力量啊！心中忍不住讚嘆。身體和心理上都是，他／她們都是。

遊行結束後人潮開始散去，幾個小時後街頭恢復成生活日常，當地人三兩成群、觀光客穿梭，也輪到我離開的時候。雖然三個月只能匆匆一瞥，也算是完成一窺冰島面貌的願望，但心裡卻有種揮散不去的失落，像是少了一個方向。還是很喜歡冰島，只是少了一個還未抵達前閃閃發亮的所在。直到上了飛機才意識到自己正出發到另一個陌生的國度，結束等同於另一個出發，還有好多未竟之地待我去拼湊出它的樣子，對未知一窺究竟的渴望再次讓我心跳加速……

不行啊？，行，

冰島&LGBT權益進展：1940年同性活動除罪化；1996年歐洲第一批承認同性伴侶權利
的國家之一；2006年開放同性伴侶收養兒童的權利；2010年立法批准同性婚姻；2015年
冰島國教會宣布歡迎同性伴侶在教堂內結婚。

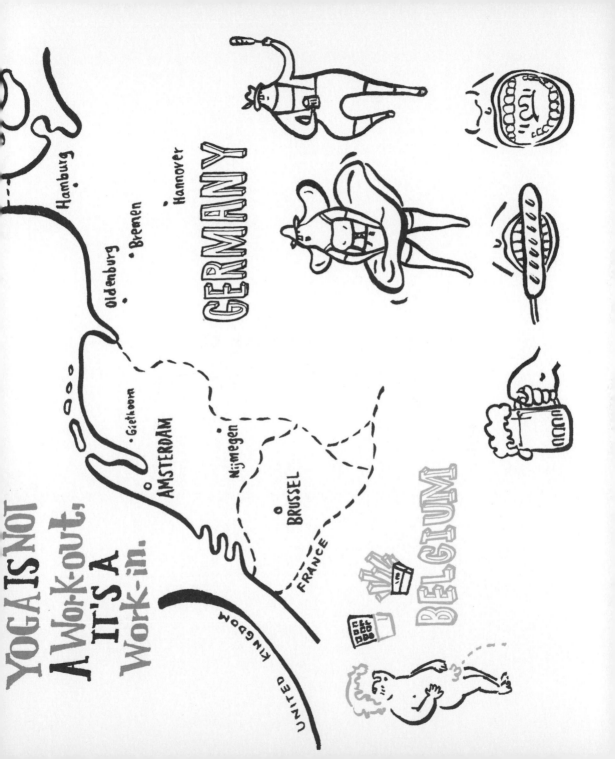

CH.5 「 機會 命運 請選擇 」

又是個淺眠的夜，半夢半醒間聽到細碎的腳步聲直直朝我的方向越靠越近，下意識把壓在頭下權充枕頭的隨身包往背後藏，繃緊神經地察看來者何人？原來是個西裝筆挺的中年男子，滿臉疲憊地走出我斜後方的電動門。

從緊張到放鬆，我嘆口氣後環顧四周：空曠的大廳在排排商店拉下鐵門後依舊燈火通明，公共電話下方，蜷曲身體窩在睡袋裡的流浪漢毫無動靜，是睡得正香吧？好羨慕他可以自在地呼呼大睡。自從一個小時前兩名警衛特別來提醒，說這裡小偷強盜猖獗要格外小心後，我便戰戰兢兢不敢熟睡……醒來的此刻，這裡是丹麥哥本哈根機場大廳，時間是凌晨三點鐘。

為了幫朋友送行，提早到了機場。雖說在長期廉價機票的訓練下，早練就一身「飛到哪睡到哪」「機場就是我家」的坦蕩。但在這北國小島硬踢到大鐵板——這裡嚴禁旅人睡覺，而且絕非只是貼張告示意思意思：警衛隊在正好眠的凌晨開始每隔兩小時出巡，一個個將背包客從周公那抓回來，挾帶強大的地主優勢把人殺得片甲不留，連藏身在裝潢夾板

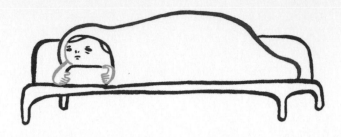

中間的專業玩家也硬生生被挖出來。跟著警衛巡邏一圈後發現發現他們對坐在椅子上打瞌睡的旅人們視而不見手下留情，看來椅子就是我唯一的希望了。坐在椅子上脖子隨著時針一起慢慢下移，一直下墜到脖子可以忍受的極限後驚醒，就這麼來來回回好幾次，冒著落枕的危險也睡不好，想想這樣下去不是辦法，最後提著帳篷走出機場，到了馬路旁的草叢就地紮營，這才終於熬到天亮，順利登機、飛抵丹麥的哥本哈根。

預計當天離開機場，直接在機場內的大廳裡拆箱組腳踏車，想不到組裝到最後才發現龍頭裡某個小零件消失不見……應該是在運送途中從箱子的破口自行跳機了。冰島的人到車沒到，丹麥的車到零件沒到，最近的飛運怎麼會這麼差呀！看著牆上的大時鐘忍不住嘆了一口氣，這時間所有店家都關了，車不能跑人也走不了，看著千瘡百孔的紙箱只能安慰自己至少這回車子平安寄到了。想不到這一齣歹戲拖棚的航站情緣換了場景還是得繼續演下去……（再度昏睡）。

有驚無險地度過輾轉難眠的夜晚，多虧前來關心的警衛提供離機場最近的腳踏車店位置，一待天微亮，我就大口吸著自由的空氣快步離開。乾

這裡治安不好，絕對不能睡！
老天，真的好想睡啊⋯⋯
Z⋯Z⋯Z⋯⋯（全程不到三分鐘）

燥溫暖的氣候讓早已適應冰島氣候的身體無所適從，不過是攝氏20度上下就讓我把衣服脫到剩最後一件，還是汗流浹背。寬廣的六線道上沒幾輛車，斑馬線旁的警示燈有氣無力地閃爍，天色漸亮，但整座城市還在賴床。我一手握著從機場拿的免費地圖一手牽住垂著籠頭無精打采的腳踏車，走在無人的人行道上，一步步朝地圖上的記號接近。

小小的店家藏身在住宅區裡，燈還沒亮我人就厚著臉皮踏進去了。一位白髮蒼蒼的老先生走出來，面無表情的臉上被歲月刻滿線條，深沉的雙眼卻很銳利。聽完來意後沒說什麼，招手示意我把車牽進店裡。從頭到尾他只說了「等一下」和「沒問題」兩句話，邊裝上遺失的零件邊順手調整車況，不到半小時就解決我有車不能騎的窘境。

在我掏出錢包準備付錢時，他沉默地揮手示意不收費，我連聲道謝時他也只是不發一語。轉身離開的當下從身後傳來一句「Tak」（謝謝），再回頭已經不見人影。深不可測的老師傅，這該是我的台詞吧！

十分鐘後的驚喜 / 嚇

腳踏車修好後終於可以出發了。人到丹麥了，但，接著要去哪？是從西向東延續幾年前絲路後半段的旅行？還是一路向南到非洲大陸繞繞？對於離開冰島後的路線，我的心裡不斷上演向東走、向南走的小劇場，加上幾天前無意發現荷蘭的瑜伽船在徵人便投了履歷，接獲錄取通知後內心就更加糾結了。

每個機會伴隨著命運通往截然不同的未來，遇到好的我們總說是運，不好的推給命……想了想，反正路永遠都在，但邊航行邊做瑜伽的機會可不是天天有，當下決定先騎去荷蘭上船，結束航行後再考慮往東還是往南也不遲。大略查一下丹麥到荷蘭的距離，約七百五十公里，假如一天騎一百公里上下，加上迷路玩耍和偶爾自行公休的時間，抓十天抵達瑜珈船靠岸的港口，應該綽綽有餘吧？

丹麥的馬路又直又平，除了銜接島和島之間的大橋創造出的上下坡，地形幾乎沒有起伏變化。少了天然屏障，風顯得肆無忌憚，但比起冰島實

在算客氣了。被陽光曬得微微刺痛的眼睛
瞇成了一條線，濕黏的皮膚也覆蓋上一層
熱氣，快被遺忘的溫度，讓我和久違的夏
天再次重逢。

大衛是我在哥本哈根阿馬克自然保護區
（Amager Fælled）入口處遇到的新朋
友。初見時估計他年紀約三十，沒有什麼
特色的五官和一般身材，很輕易可以融入
群眾和周圍，空氣般無色無味讓人視而不
見。從他身旁擦肩而過時我完全沒注意到
他，直到他停在路邊出聲跟我打招呼，
「嗨！你要去哪裡？」滿臉笑意讓人備感
親切，交談幾句後他笑笑的說這裡他熟門
熟路，可以一起騎一段順便帶路。嗯，有
何不可？

| 阿馬克自然保護區

TO TRAVEL ⚡ ⚡ IS TO LIVE

- Hans Christian Andersen

擱淺在平原上的五十五米巨大木船出自義大利藝術家阿爾菲奧·博諾諾（Alfio Bonanno）之手，有次大水淹沒了周圍的土地，阿馬克自然保護區頓成了阿馬克島，是諾亞方舟還是現代維京船就見仁見智。右手邊那座像是銀山的未來公寓建築就是聞名國際，丹麥著名設計師布雅克·恩科斯（Bjarke Ingels）的複合式建築作品的8字住宅（8TALLET），住戶花了大錢還得不時忍受觀光客的探頭探腦……大衛邊騎邊介紹這片被樹林、草原、沼澤和數個裝置藝術點綴的保護區，不時頻頻回頭確認隊友我有沒有跟上，真是位好心人啊。

接近中午時大衛提議去森林裡野餐，說要帶我去個他很喜歡的祕密基地。跟著他往岔開的小路騎進去，路面從肩膀大小窄縮到只剩一個拳頭寬，兩邊的草越來越高、路跡越來越不明顯。咦，還要繼續往裡面騎嗎？似乎不太對勁啊……「我們到了，這裡很美吧！」大衛驕傲得像隻公雞，得意的把尾巴和下巴都翹得高高的。眼前是一塊落葉鋪地的天然平台，漫天枝葉把日正當中的豔陽濾成大大小小的光圈，幾道光束散射穿插在空氣的微塵中。

是我多心了啊，內心的疑慮一掃而空。在厚實柔軟的落葉地墊上放肆地翻滾，鼻息全是森林裡的清香，身心都放鬆了。「我要給你一個驚喜，在這裡等我十分鐘。」大衛簡短的一句話，讓我剛放鬆的神經再度緊繃。回想大衛離開時臉上瞇眼微笑的表情，讓人毛骨悚然。要逃嗎？

環視周圍，方才為了從車袋底掏出行動糧，搞得現在狼藉一地，等收拾完細軟人早回來了。要戰嗎？身邊只有一把平時切菜切水果的迷你小折刀，對方肉厚一點或衣服多穿幾件，對他根本構不成威脅。還來不及決定策略，樹叢發出聲響，說好的十分鐘不到怎麼就回來了！我迅速地將折刀握在手裡藏在身後（總比用手指頭戳強吧？），但眼前的景象太過匪夷所思，讓我當下愣在那裡。

這・傢・伙・在・想・什・麼・啊？
八月中旬的大熱天，大衛穿著全套的兩截式鮮黃經典款雨衣，配上小學生般的窄邊雨帽，看著我笑得一臉燦爛，讓人摸不著頭緒，「你不熱嗎？」我強作鎮定地回應，希望聲線還算自然。「你希望我脫嗎？」他慢慢把扣子一個個解開露出赤裸胸膛上的幾根稀疏胸毛，自以為性感地眨眨眼。

老天，才剛離開機場，出關第一天，就要請我吃這麼重鹹嗎？「不、不、不，穿著就好～」快速回應的同時，我的右臉頰連續抽搐了三下。他停下手邊的動作坐下來，開始窸窸窣窣地翻著身後的背包。然後……掏出了另一套雨衣。帶著有點害羞又興奮的神情說，「可以請你也換上，然後讓我抱抱你嗎？」（！！！）

別、別開玩笑了！

面對著他（有狀況比較好反應）一步步退到腳踏車旁，帶著抱歉但堅決的語氣說：「我真的得先離開了，天黑前還要趕好一段路呢！」然後用腳踏車當機車騎的速度衝出森林，一路頻頻回頭確認大衛沒有跟上來，才漸漸放慢爆衝的速度。

回想臨走前被大衛一把抓住，時間空間凝結的剎那……他塞給我一包丹麥軟糖，足足一公斤重（他的背包裡到底裝了多少東西啊？），或許，他人還不壞？

一點也不好玩的捉迷藏

「離開你～什麼事都難一點～」

在歐洲大陸騎了幾天，這句有點年代的歌詞伴著洗腦的旋律不時在嘴裡喃喃吟唱著。真的，離開冰島後，什麼事都難一點（除了冰島無人能敵的大逆風和當地生不出來的蔬菜水果），尤其在夕陽西下前找地方安頓的時候讓人特別有感。白天在眼花撩亂的路線指標中企圖找到正確的人生道路，晚上還要像個通緝犯一樣心驚膽顫，找地方避人躲警察。

各國對野營各有看法也各有律法，在冰島可以自在地在野地免費獲得一夜好眠，不用擔心警察夜半敲門（規定是同地限一晚，但只要隔天把帳篷向右移三十公分……），但在丹麥就沒這麼好的事了。雖然我很難想像警察在午夜時分四處穿越叢林，只為找人收取住宿費，但上百歐的罰款風險足以讓我好幾個禮拜的伙食費瞬間縮水，而天天付幾十歐元給露營區，積少成多聚沙成塔，對我的荷包也是不小的壓力。

遙望著在前方等待的萬里路，面對長期抗戰的民生大計不能不認真計

算。不過即使在荒郊野外睡覺都可以犯法的世界，我也想要當個可以抬頭挺胸活著的流浪漢，既然說「家，是永遠的避風港」，那別人家應該也算吧（算嗎？）。抱著這樣似乎說得通的想法，我把過夜重點從原本的尋找避風處換成了搜尋避風港。

別誤會，當然不是嘴裡唱著「we are family~」就厚著臉皮登門入住。國外，在郊區的房子通常會有幾塊綠地，用來種植一些花草樹木，在私人土地上紮營，只要徵得地主同意就不用擔心觸法。然而在庭院紮營也有眉眉角角要注意：連一根野草都找不到的完美花園可以先跳過，主人怕是無法接受在完整無瑕的草地上戳好幾個洞；雜草叢生像廢墟的也就別問了，不怕一萬就怕萬一你人間蒸發在那堆比人高的草叢裡，那不知何年何月才會有人發現。

相中適當的目標後，記得要用最誠懇的態度擺出最無害的笑容，「請問可以在你的庭院紮營嗎？」成功很好，不成功也是理所當然——喔，建議敲門前記得打理儀容。

離開機場後在丹麥的第一個晚上，也是我生平第一次敲陌生人的門。那是一間從窗戶透出氳氳燈光的傳統紅磚瓦屋，庭院裡有幾棵果樹、幾隻雞和兩匹馬，我像賣火柴的小女孩從窗外望向屋內透出的幸福。有點緊張，不自覺地嚥了嚥口水。「叩、叩、叩」用不大不小的力道不疾不徐地敲了三下，門開了，五十歲上下的夫妻同時探出頭來，表情帶著微微驚訝，知道我的來意後很爽朗的一口答應，開始熱心地介紹庭院裡的每個角落，要我自己找個最喜歡的地方落腳。

入夜起風後躺進露宿袋裡，只露出顆頭在外面看著滿天星星放空。「嗨，還醒著嗎？」屋主手裡端著一大碗熱騰騰的南瓜濃湯，喝進嘴裡的熱湯像股暖流直直流進心裡。隔天一早在共進早餐後更要我把他們家裡所有的麵包帶上路。像是孩子離家前爸媽要他們帶上滿滿的食物，是擔心、是祝福也是最後的照顧。

兩天後，騎到了丹麥洛蘭島邊界的勒比港口（Rødby），只要在這裡搭上橫跨波羅的海費馬恩海峽（Fehmarn Belt Strait）的跨國渡輪，二十五公里的距離不用半小時就可以抵達德國普特加登（Puttgarden），船首

豎著的德國國旗和懸掛在船尾的丹麥國旗在夕陽海風下左右擺動，像是在和丹麥揮手告別，甲板上或坐或站的人們一派清閒，我的心裡卻是喜憂參半。眼看沒多久就要天黑了，等等下船要怎麼找地方過夜？這個天天都得面對的問題，像眼前的大海一樣茫茫。

靠岸後，人車一股腦地從船艙底倒出一地後轉眼四散，低頭研究一下地圖再抬頭，瞬間只剩我一人還原地站在空蕩蕩的港口。騎到港外沒多久就看到路邊一排有點面熟的腳踏車，幾個人坐在草地上。原來是剛剛在船上照過面，跨海到丹麥騎車的德國一家。他們的糧食耗盡，而幾公里外的超市不到半小時就要打烊了，為了搶時間，爸爸決定獨自先快車前往，其他人留在原地等待。

「我的食物還夠，這些送你們。」我說。雖然不確定先生會不會帶食物回來，媽媽還是很客氣地婉拒了，但眼神閃過一絲猶豫。年紀還小的孩子們似乎又餓又累，把頭靠在膝蓋上。一起等爸爸回來再說吧，假如他沒有買到食物，至少還可以拿我的。我想。

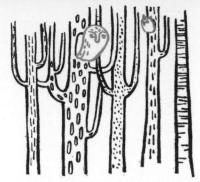

| 躡手躡腳地躲進樹林裡，忽然可以
理解通緝犯的心情。

等著等著，天色完全暗下來後，看到從遠方騎過來的小小身影，兩邊車袋鼓鼓的。太好了！揮別一家人後，我一個人騎進深深的黑暗裡。我心裡暗叫糟糕！天黑後敲門就難了，黑暗可以輕易地加重人們各種不安的想像。正煩惱時發現小路兩旁是開闊平緩的田地，遠遠的田埂縱橫交錯。田埂上排排站的樹像是高聳的地界……嗯，這裡似乎可以喔。挑個樹距最密、土坡度最緩的角落，快步推車走進黑鴉鴉的樹影裡。

田埂比想像中的寬一點，雜草少一些，樹根交織成的搖籃嵌在土裡。試躺一下，除了需要蜷起腳才可以把自己放進去外，沒什麼大問題。熟練地把睡袋、地墊和自己一口氣塞進露宿袋，不到幾分鐘就直接進入休眠模式。半夢半醒中好幾次感覺有燈光直直打過來，掃過又離開，忽遠忽近的腳步聲，草叢窸窸作響。想起稍早在路上遇到好心帶路的警察說：「我們在晚上也會四處巡邏，治安很好，不用擔心。」這話……讓我好擔心啊。

腳步聲又出現了……猛然睜開眼，原來是夢。四周依舊漆黑，沒有燈也沒有人。為了避免撞見清晨上工的農夫而設定的鬧鐘都還沒來得及響，人就醒了，翻來覆去也喬不到適合再度入睡的角度，索性還是早早上路吧。

漢堡市的易北河畔，人和沙灘都被城市逼到無路可退，全攪和在一起了。

新 的 老 朋 友

「我在台灣台北,你在哪?」住在德國漢堡的茉莉問。
「我在德國漢堡。」家在台灣台北的我回答。

抵達漢堡的前幾天收到茉莉的訊息。她是幾年前我在英國當交換青
年時認識的德國女孩,滿頭嬉皮風的粗髮辮,身著印花拼接服飾,
是我認識的人中最愛笑的一位,再小的事情也可以讓她哈哈笑個不
停,溫暖的個性讓人很難不喜歡。想不到她在台北找我,我卻正好
置身在少了她的漢堡。

叢叢綠意從身邊掠過,在穿過樹林的路上一道黑影飛快地與我擦身
而過。急停後回頭,發現對方也停下來朝著我的方向望,兩人不禁
相視而笑。兩台車上都綁著睡袋,行囊外夾著還沒曬乾的襪子。
二十出頭的日法混血青年皮爾有一張中西合璧的精緻五官,是我在
離開冰島後第一個遇到以腳踏車進行長距離旅行的同好。這次他
從荷蘭出發到哥本哈根收尾,我意外地發現我們騎行的路線一樣,

只是方向相反。「太巧了吧！好想回頭跟你一起騎！」皮爾一臉燦笑，忽然想起什麼似的開始翻找每個車袋，然後遞來一張被折成A5大小的紙張，是荷蘭的腳踏車地圖。「我用不上了，送給你。」他說。最後我用一公斤的丹麥軟糖來回應他的好意，又獲得一臉殺死人不償命的燦笑。

與皮爾交身而過之後，腳踏車越騎越順速度飛快，直到發現周圍的招牌指示越來越多，房子越來越密集，才發現一不注意已經進入城鎮範圍了。「錯過剛剛的森林，這下好了吧？這裡到處是人……」我心中暗暗埋怨自己。在抵達漢堡前的小鎮上四處打轉，忙著找地圖上的公共廁所，正好看見巷口有位穿白洋裝的女人從車上走下來，就直接騎過去對街向她問路。她要我跟著走，隨後發現原來是去她家。「天氣這麼熱，順便沖個澡吧！」咦？身上的味道已經這麼重了嗎？（心虛地低頭用力聞聞自己），洗好澡時她已經泡好拿鐵，笑笑地坐在客廳。

稍作休息並感謝她後繼續上路，一下就到了漢堡的邊界，看見熟悉的超市招牌立刻停下補滿行動糧。抱著兩公斤的蘋果和一串香蕉回到停車場，發現有位大叔站在旁邊盯著我的腳踏車。「請問，你從哪裡出發

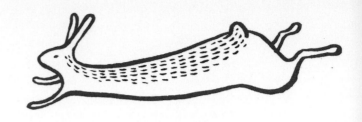

呢？」大叔開口問我。一問一答之下，得知他多年來在世界各地騎車旅行，發現原來他也去過幾年前自己走過的同一座南美火山湖，原來他也喜歡印度料理，原來我們的共通點這麼多，「今天晚上你來我家後院露營吧！」今天是怎麼回事？竟然運氣這麼好！當天是他兒子的三十歲生日，下班回家後會有個十人左右的生日BBQ小派對。「我兒子人很好，沒問題的。」一個陌生人突然出現在自己的生日派對，這樣真的沒問題嗎？從超市採買到亂入生日派對的超展開，忍不住想，假如當初沒在小鎮逗留，現在自己又會是在哪裡呢？

隔天一早正要告辭，但因為有場自行車賽事，市中心的主要道路被封了好幾條，擔心我騎不出城市迷宮的大叔，決定親自帶路。在街弄穿梭時也不忘認真的在各個標的物停留，不時叮嚀我多拍照。「這樣就可以跟別人說你來過漢堡了。」他笑著說。一路左彎右拐終於騎到易北河畔，走進滿是觀光客的渡輪，從水上看著德國第二大城的繁華巨大，要是沒有大叔帶路，我自己一定還在裡面瞎忙打轉吧？真是太感謝了。

大叔不只陪出城，更是一路相伴直到抵達被譽為世界童話之都的布克斯

漢堡是德國第二大城市，其港口為該國境內最大港，人稱為通往世界的大門
對於難得進城的鄉巴佬如我來說，更像是前往巨大迷宮的入口。

| 《野兔和刺蝟》是個刺蝟用分身計
　耍詐贏了野兔的奇怪寓言故事。

特胡德（Buxtehude）才停下來，從他家到這裡足足有五十多公里的距離啊！在咖啡館裡小休片刻時，大叔在紙上畫出像是烏龜長毛的塗鴉，一個不太圓的圓，上面插著一根一根的……是什麼東西啊？喔，原來是刺蝟啊！他比手畫腳描述以此地當故事背景的格林童話《野兔和刺蝟》，說的人興高采烈，聽的人興味盎然。故事說完也到了告別的時刻，大叔突然從口袋拿出一張寫滿文字的長紙條，原來他昨夜把最適合騎腳踏車的路線順著城鎮抄寫下來，一路寫到一百多公里外的不來梅（Bremen）。

最後一次回頭，縮成小小的人影還站在路口揮手。
「再見！」不確定他有沒有聽見，但我仍朝他的方向喊出道別。

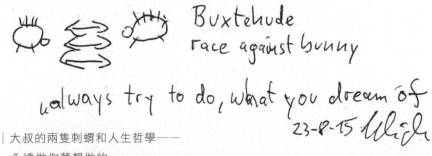

| 大叔的兩隻刺蝟和人生哲學——
　永遠做你夢想做的。

暴風雨來臨前

「漢堡到不來梅快一百五十公里的距離，不到一天就騎完了，備胎更是從冰島到現在連一個都沒用上呢，備胎是不是帶太多了……啊，不對、不對！我不該這樣想的。老天您可千萬別在意啊……」一意識到自己腦海閃過的得意忘形隨即後悔不已，但沒等我好好把懺悔在腦海中跑完就出事了，完全沒有徵兆——明明上一秒還順順的在柏油路上滑行，下一秒車身突然開始左搖右擺，低頭一看，輪胎像是變魔術般在眨眼間就完完全全扁掉了——事實證明，老天爺很在意。

屋漏偏逢連夜雨，一路從丹麥陪我到現在的好天氣也挑今天翻臉。陰慘慘的星期一，看著穿著套裝西裝的人們義無反顧地衝進雨中大步急行，所有動作加速快轉，只有我一個人坐在橋下慢條斯理啃著蘋果等雨停，平行世界般置身事外的抽離。眼看雨短時間是不會停，我吃完蘋果後推車走入雨中，找到一處隱身在快速道下的停車場，默默把行李一一卸下後把車倒放，輪子拆下，將壓在腳踏車包最底部、原本碎念著騎過上千公里一直沒用到的補胎工具拿出來……

補完胎，準備繼續上路，雨似乎下得更大了。騎在路上遠遠就看見一台計程車停在馬路邊，司機靠在車上邊抽著菸邊朝我的方向看過來。咦？不就是剛剛在廣場前問路的大姊嗎？這麼巧。啊！是招手要我過去嗎？我狐疑地騎到計程車旁邊，她連忙把手上的菸丟到地上踩熄。

「暴風雨……小心……今天晚上」她先指車內的電台廣播再指自己的耳朵，一大串德文句子夾著幾個英文單字，終於拼出大概的模樣。「今天晚上有暴風雨來襲，要多小心。快點找地方避風雨，是嗎？」大姊鬆了一口氣似的笑著點點頭，確認我收到暴風雨來襲的消息後才開車調頭離開。專程來提醒，真是太感謝了。

「看來今天要提早開始找紮營地，得趕緊脫離市中心啊。」我在心裡計劃著。市中心真的很麻煩，沒有前庭後院只有旅館飯店，睡公園會被趕，睡街頭怕被搶，大部分時候連露營區都沒得選，總而言之，是很讓人很困擾的地方。終於騎到城市的邊界卻再度卡關，地圖上一條通的大道怎麼現場分岔了？剛好有個騎腳踏車的先生在前面等紅燈，乾淨的西裝褲和挽起來的袖口像是剛下班的當地人，問他應該沒有錯。

終於弄清楚這條馬路是最近新建的，需要繞道才可接到距離目的地最近的主要道路。「請問你趕時間嗎？」原來被問路的騎士馬汀空閒時也喜歡騎腳踏車四處旅行，好心想借給我家裡的腳踏車地圖。他說他家就在騎車十分鐘不到的距離，問我願不願意跟他回去拿？心裡快速跑過一串數字，衡量著距離和時間。運算不到零點一秒的時間，我秒答「好啊！」就這麼跟他回家了。

騎進馬路旁的林蔭小徑，路的盡頭視線豁然開朗。幾棟古典雅致的獨棟建築隱身在綠意中，像是漁人誤闖桃花源。馬汀的女兒莎拉連跑帶跳地飛奔過來，在父親臉上親一下後驕傲宣布，「蘋果派烤好了！」

剛出爐的蘋果派甜而不膩，配茶話從前剛剛好。馬汀說他二十幾歲時曾開車環美，當時的窮少年沒錢住旅館，白天四處探險晚上睡車上，倒也自由自在。有天半夜在舊金山一處陰暗的停車場，一不小心兩個後輪胎被地上的阻刺戳破後動彈不得（入夜後的舊金山治安惡名昭彰，在停車場被搶也是時有所聞），少年馬汀越想越是心驚膽顫。一片黑暗中兩名身型壯碩的非裔男子朝他走來，當下背脊發涼心跳加速腦海閃過各種暗

黑城市傳說，心裡做好最壞的打算……「小兄弟，需要幫忙嗎？」雪白的牙齒在黑暗中閃閃發亮。馬汀一方面對心中建構出的刻板印象感到羞愧，一方面慶幸自己何其有幸。

故事聽完，一家人親切地邀請我留下來吃晚餐，飯後開車去森林湖泊游泳。馬汀跟我說天色不早了，就在屋子裡過夜吧。莎拉還幫我把床鋪好了。窗外無風無雨，暴風雨不知道是跟我擦肩而過還是去哪裡撒野了。「曾經接受很多無以回報的善意，有機會把善意傳下去，是我的榮幸。」馬汀笑笑地看著我說。我在心裡默默回應，遇到你是我的幸運，善意就先暫時放在我這裡，我會好好收著。

騎到路的盡頭就上船吧，有時候國與國之間的距離不過船頭到船尾而已。

CH.6

「交換人生」

31-32-33-66-67-99……在快要抵達雙岔路口前，飛快用眼角餘光掃過抄寫在左手背上的號碼，前方標著數字66的圓牌就立在右岔路口上，循著數字指引的方向壓車過彎、呼嘯而過。只要騎車前把規劃路線上的數字逐一抄寫下來，就可以大大省去沿途看圖找路的時間，輕鬆地隨著號碼左轉右彎順利抵達目的地。腳踏車專用地圖搭配上佇立街角路口的標牌數字，讓漫長的騎行路彷彿化為現實世界的尋寶遊戲。

數字也串起一個個寧靜淳樸的村莊，白天大部分的人們都在田裡忙活，林間小路上幾乎沒有什麼人車蹤跡，農舍前不時出現的小桌子上擺滿新鮮自產的蔬果和放錢的小木盒，是尋寶路上的能量補給站。若是計算我在鄉間和森林裡繞行的曲線軌跡用手指捏起後拉直的距離，該是連接城市間主要道路的好幾倍吧，然而舒適度提升也是好幾倍。

不知不覺從哥本哈根出發後已經過了九天，也靠近了德國和荷蘭的邊界。申根公約讓歐洲部分國家的國界褪成了一條條隱形的線，到了國界只會看見路旁的前後插上印著歐盟旗幟的方型標示牌，象徵完美的十二顆星（也代表一年十二個月、一天十二個時辰和希臘神話中的十二主神

等等）環繞著即將踏上的國名，頂多加上一座荒廢已久的檢查哨。但這回經過的德荷邊界卻不是隱形的——道路材質差異造成的顏色落差形成一條明顯的界線，俐落地把路切成兩段。德國做事嚴謹認真算是經過全球認證，但在自行車道方面，對上頂著腳踏車王國鼎鼎大名的荷蘭，還是硬生生敗下陣來。我在平坦滑順的車道上行雲流水地前進，和船長約定碰面的河港近在眼前。

關於選擇

近在眼前，但就是到不了。

一小時前就抵達，卻沿著河道繞了好幾圈還是找不到船，不可思議地想著好幾噸重的龐然大物怎麼可能會錯過？！

半路經過被我攔截的老爺爺，也跟著四處打轉還是遍尋不著……最後他直接撥電話給船長，兩人嘰哩咕嚕說了一會兒，老爺爺呵呵笑了兩句後掛斷。原來船體剛好進場保養，停在工廠後方的廣場。知道船隻停靠的地點後就容易了，遠遠就看到一名女子站在船廠門口優雅揮手，陽光打

人生交換

在她身上像是聚光燈下朝民眾揮手致意的女王。我向老爺爺道謝說再見後，深吸一口氣跑過去。

才爬完好幾尺長的繩梯，一走進船艙就遇上一字排開的人牆。當時的我是什麼模樣呢？——被帽子壓扁的頭髮分成好幾撮黏貼在額頭上，一左一右扛在肩上沉甸甸的車袋不斷滴水，在眼鏡佈滿雨珠、滿眼迷濛的狀態下和大家逐一握手問候。

你好，我是維克。

哈囉，我是朱利安諾。

很高興認識你，我是亞利克斯山卓。

嗨，我是路卡斯。

歡迎加入，我是瑪露絲。

嘿，陌生人，我是託司。

………呃，我是怡臻，大家好。（眼神一一滑過每張臉孔，一時間不知道該在哪裡停留，眼珠子不安分地四處打轉，看似有點輕浮其實只是不知所措的狼狽。）

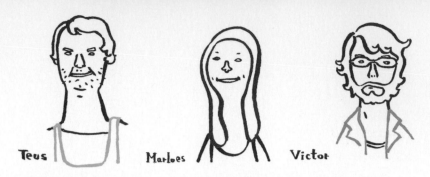

Teus Marloes Victor

想要把長串字母排列組合的名字和連發的陌生面孔硬塞進腦袋，卻不小心像是漿糊般一口氣全從耳朵擠出來。聽說第一印象會深深烙印在對方的腦海，看來我的走船人生在上船的第七秒鐘就開始崩壞了。直到幾天過後，才終於可以完全不假思索地叫出船上每位夥伴的名字。

託司，負責開船的船長，這艘船的所有人。握有決定飯後甜點和決策從沒發生過的大事的權力。水藍色的眼珠子不時骨碌碌地轉著，一臉古靈精怪的表情，全身是戲。成天不是正在笑就是在逗人笑，總是穿著連身藍色工作服在船上各個角落神出鬼沒。應該是世界上最不正經的船長。

瑪露絲，不開船的船長。負責瑜伽和開船之外的一切事宜，也是第一天站在船廠門口的女子，是船上唯一的女漢子，不正經船長身旁的正經妻子。身材細瘦長髮披肩的她卻和柔弱搭不上邊，因為長期練瑜伽的關係，身心靈皆孔武有力，沒事不要惹惱她——以上是託司船長說的。

維克，烏克蘭人。身材高大手腳修長，濃密的卷毛幾乎蓋滿半張臉，蒼白膚色搭上深色眼鏡，給人不太好接近的黑幫印象。但他其實會親切地

Giuliano　　　　Alessandro　　　Lukas

彎下身來聽人說話，精通機械物理、程式設計、電子線路等等，實力堅
強但說起笑話有點勉強。

朱利安諾，巴西人。深邃五官、披散的黑長卷髮，一身精實強壯的肌肉
加上均勻的古銅色肌膚，和電影《神鬼奇航》裡強尼・戴普飾演的傑克
船長相似度高達百分之九十三點八。身上流著吉普賽人血統的他帶著流
浪者基因，是夜店裡的紅牌酒保，也是個性極度自律的瑜伽高手。

亞歷克斯山卓，義大利人。愛笑的濃眉大眼和高挺鼻樑像是米開朗基羅
刀下的藝術品，開口閉口都是愛，標準義大利多情種。視翁山蘇姬為偶
像，甘地是英雄，喜歡歌手艾美・懷恩豪斯和雷鬼、嘻哈音樂。不知道
是不是因為人見人愛，二十五歲的年紀已經訂過五次婚，目前單身。

路卡斯，德國人。清瘦細長，頭上綁著一小束金髮。不論面對任何情況
一律保持悠哉輕鬆的態度，可能是個性隨性的關係，有時顯得略微漫不
經心。擅長手繪幾何式曼陀羅，熱衷於哲學、靜坐、瑜伽和睡覺，總是
請人叫他起床，卻從沒真的見他早起做瑜珈。

Teigetje

泰格切，荷蘭（？）。具有冒險家精神的船貓，曾在某個港口放風後離家出走，兩周後自己敲別人家的門，請人聯絡船長把牠帶回船上。大部分的時間都大剌剌躺在枕頭上呼嚕呼嚕地打呼睡覺，看電影時喜歡在投影機前不斷路過，就跟大多數視人於無物的貓一樣。

總之，最後一個來自台灣的成員在雨中狼狽抵達後，總共七人一貓的船上生活就這麼熱熱鬧鬧開始了。我們工作生活的地方前身為海上運輸船，全長55公尺寬7.3公尺。2006年時被船長夫妻買下，改建為擁有11間獨立船艙、28張個人床位、可容納40人的睡覺空間，10乘7公尺大的木頭地板大廳，兩層鋪上草皮的大甲板，客廳餐廳吧台一樣都不缺的水上瑜伽教室，這艘龐大的藍白色戰艦，也是我們的移動城堡。

早上七點半到八點半哈達瑜伽，八點半到九點半早餐，九點半開工十二點午餐，下午一點再接再厲，下午三點半準時收工。一周工作五天，一天五小時。工作內容從船體維護（打磨、清洗、粉刷）到課程記綠（攝影、排版、翻譯），職責分配看天氣也看人。

和大部分的荷蘭家庭一樣，兩冷一熱食的三餐，料理簡單卻營養健康，由大家輪流分工準備。剩下的空檔不定時會有打坐、瑜伽、禪修和電影時間。每天早上從倒立著看不斷變換的場景，用各種不符合人體工學的姿勢把身體弄得喀啦喀啦作響中徹底清醒後展開，規律健康的作息讓船上的生活似乎比在陸地上更腳踏實地。

八月底的白天還很長，陽光還燙手。結束工作後大家不是把自己丟進河裡，就是把船上的獨木舟和汽艇拉繩放下去，划行在阡陌交錯的運河中，悠遊比鄰小鎮間，原來生活可以這麼不同。想起託司和瑪露絲為這艘船取的名字——安德勒布（Andere boeg），就是荷蘭諺語中「不同方式」的意思。

十年前他們決定買下它開始，就決定要用不同的方式過生活。以船為家可不輕鬆，船上有永遠做不完的船務，當你從頭到尾做一輪結束，又到了從頭做的時候。坊間說「船主一生中最開心的兩天，就是買船的那天和終於把船賣出去的那天。」那為何還要買船或是選擇不同的生活方式自討苦吃呢？我似乎開始瞭解一點點……

休息時間臨停靠岸，在別人家的草地上曬太陽，用別人家的無線網路……

歡迎光臨，陌生人

「請問，想喝紅酒還是白酒呢？」女主人先是逐一介紹擺在壁爐周遭出自男主人之手的木作後，輪到放在客廳玻璃桌上女兒創作的金工和牆壁上的畫作。所有物件都沒有標價，過程也沒有推銷，現在又一臉親切地問我們要喝什麼，實在讓人有點手足無措，搞不清楚現在是什麼情況？

起源是我和維克趁周末假期一起騎車去船長推薦的福倫霍弗（Vollenhove），

人 交
生 換

| 歐洲街上有許多讓人多看兩眼的門把設計，不進門也看得到屋主的用心。

想不到鎮上意外熱鬧，又意外地隨人走進一棟分不出是店還是家的屋裡。多虧貼心的女主人把滿是荷文的活動傳單寫上重點英文還附上小鎮地圖，終於搞懂今天剛好遇上小鎮裡的大事。

Open Monumentendag（荷文）是歐盟國家每年的例行活動——歐洲遺產日（European Heritage Days）。通常選在夏天結束前的周末舉辦，不論是留下舊時代記憶的老房子抑或是平常不對外開放的的歷史建築古蹟，都會在那天敞開大門，歡迎所有陌生人。這回在福倫霍弗小鎮不只開放空間，更在空間內展示出自當地藝術家之手的各類藝術工藝。有別於美術館裡的無語觀望，藝術品在有人生活的空間裡多了溫度。

看著這些作品我想起羊角村，一個離船停泊的村莊不到二十公里的觀光勝地。當年挖掘泥煤造就一道道狹窄交錯的脈絡網，幾年過去，運載物資而拓寬的溝渠成了乘載一艘艘觀光船的河道。原本乏人問津的土地水漲船高，豪華升級版的草屋配合綠意盎然的小橋流水人家，微風輕撫花草搖曳。草屋民宅成了滿足觀光客的豪華餐廳和店鋪，河道上人滿為患。羊角村成了虛有其表的民俗村，人們只是過客。

天時地利人和，在一年一度的歐洲遺產日到了福倫霍弗小鎮，熱情的村民對所有陌生訪客敞開大門，對訪客有的疑問幾乎是有問必答。登門踏戶走進一間又一間的住宅，看房子也看人，從一個人的生活空間可以認識一個人程度，通常比他的自我介紹還要多。他的喜好、習慣、品味、氣味……屋主是什麼樣的人答案全在屋裡。看到的，是人們選擇怎麼樣過日子和成為哪一種人。幸運的是即使不是歐洲遺產日，旅途上不時有人為我打開家門，願意讓我走進他們的生活，讓我知道更多的可能。

回程路上遇到一座風車正進行什麼大工程似的被多人圍觀。我和維克也停下來，看著巨大起重機吊起搖搖晃晃的扇葉。可能是看出兩位外地人眼中的好奇，一位穿著工程服的女士用斷斷續續的英文問我們想不想上去看看？我們立刻點頭如搗蒜隨後跟上。風車內的牆上貼著各個角度的工程圖，二樓放著舊輪軸和絞鏈，頂樓上的小平台可以鳥瞰整個小鎮。這位女士花了幾年的時間終於把老風車整修完成，裝上扇葉是最後一步。

「今天是我們家的好日子」

人生 交換

她開心地笑著，我也笑了，今天也是我的好日子。

啊，被看不起了

照原定計畫在一個月後跳船，離開這段日子朝夕相處的夥伴，再次回到一個人的旅行。在河堤小道上遍尋不著通到對岸的船埠，倒是遇見剛下船的好心人，幫忙打電話成功攔截今晚的最後一班船，更幸運的是，因為船員已經完成入帳，這下連過河的船資都不用給。

重返陸地的第一天，腳踏車再次扛上全部的行李回到路上，沒踩幾下就知道它對重新上路也是滿心的期待和興奮，整車搖搖晃晃的（我絕對不會說是因為隔了太久，一時不習慣身後家當的重量）。風和日麗天氣晴，天時、地利、人和，運氣旺的像是新手打牌一樣無法擋，多美好的開始，順利得讓人對活著充滿希望。

有次在船上的空檔和夥伴天南地北閒聊，談話中不經意提到在西班牙的最南端可以直接搭船穿越直布羅陀海峽，只要航行兩小時就可以抵達非洲大陸。

「到非洲騎腳踏車，似乎也不錯。」頓時這念頭竄進腦中；原定計劃之一的荷蘭騎到土耳其伊斯坦堡的距離和從荷蘭騎到西班牙最南端的距離其實差不多，直線距離兩千五百公里，即使加上真實人生道路總是迂迴和迷路難免的考量，就算五千好了。一天騎一百，兩個月綽綽有餘。原來看似遙不可及的非洲，其實不過是騎腳踏車一段路加上一個不到一小時的航行就可以抵達的距離，既然如此就去走走看看。（是的，完全沒有深思熟慮周詳計劃這種東西）

只不過，要前往非洲得先回到比利時的摩洛哥辦事處辦理觀光簽，需要幾天在原地等件。於是我找了間位在比利時北部的藝術中心，邊工作換宿邊處理簽證事宜。我沒想過會回到比利時，但很剛好的台灣朋友安娜飛到此地出差，抵達藝術中心前正好可以去她住的飯店休息幾天。

不料，晚上十一點抵達飯店。我沒有安娜的聯絡號碼，只好在飯店一樓大廳旁嘗試以網路聯繫。可能是身上背著兩個腳踏車包特別引人注目，也可能是趕了一百多公里路後筋疲力盡的模樣太過狼狽，櫃台內一位身材壯碩的工作人員頻頻朝我的方向看過來，冷冰冰的眼神讓人侷促不安。不太意外，過沒多久他就直直地朝我走過來。

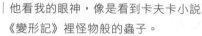

他看我的眼神，像是看到卡夫卡小説
《變形記》裡怪物般的蟲子。

「這裡不能停留，請離開。」他的語氣和眼神同樣冰冷。
「朋友住這邊，可以讓我用這邊的網路來聯絡她嗎？」我好聲好氣地問。
「不行，網路只提供給住戶使用，請離開。」臉上帶著毫無轉圜的堅決。
「還有，我不認為你有朋友住在這邊。」眼角滿是毫不掩飾的鄙視。

愣住。胸口湧出的憤怒差點脫口而出，但仍要把情緒硬生生吞下。雖然很
想不卑不亢地和他好好說，但經過一天長途跋涉的我實在累了，夜半時分
與其把時間浪費在他身上，不如找個地方好好休息。轉身離開後騎著車在
附近打轉，發現飯店對街就是一大片綠地，其中有一塊小空地夾在樹叢和
建築物中間，既是視線死角也剛好避開路燈刺眼的光線，就這裡吧。我快
速地把腳踏車放平、抽出地墊鑽進睡袋，沒幾分鐘便昏睡去。

不管多難，生活都會繼續。讓我們像柴郡貓一樣裂嘴微笑吧！

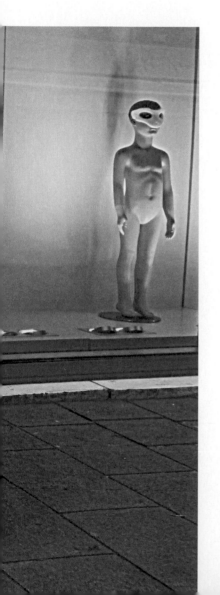

擔心被上班的人潮撞見，所以我早早就起來收拾打包，多虧讓世界沒有距離的網際網路，遠在九千多公里外的台灣友人幫我聯絡上安娜。她來櫃台接我時昨夜的職班人員還在櫃台，口氣生硬、面無表情。「就算是雙人房，一樣需要另外收費。」後來詢問其他工作人員，發現其實不用再額外收費。

除了這件插曲外，在飯店待的兩天像是難得的中場休息，不用餐風露宿，也可以好好整理裝備器材，更感人的是安娜受家人所託，從台灣帶了快二十公斤的行動糧給我，原本乾扁消瘦的車袋瞬間被補給撐得圓滾滾的，沉甸甸的重量幾乎要讓人擔心輪胎撐不撐得下去？看著幾乎爆滿的補給，很讓人心安。有了親朋好友的加持，再遠的路都不是問題。

不斷唱歌的手指頭

「嘎………錚錚…………嗡………………嘶…咿呀…咿………嘎嘎嘎嘎……嘩……………咯…………唧……唧…………………嘎………錚錚……嗡………嘶………………咿呀…咿…嘎…咯……咯……咯……咿呀…咿……嘎嘎……………嘰嘰……嘶…咿呀…咿……嘎……」

在搞不清楚東西南北的一片漆黑中，沿著溢出慘綠光芒的指標，輕手輕腳地走進藝術中心大廳，連我自己也不清楚為什麼每一步都走得像是小偷闖空門般戰戰兢兢，只隱隱感覺周圍似乎有好幾雙眼睛緊盯著自己，左手邊的角落不斷發出陣陣難以理解的高低音頻，似乎帶著某種深沉隱晦的旋律，卻讓人無從抓住其中虛無縹緲的樂譜。

一小段時間過去，逐漸看清楚周圍的同時，也明白為什麼會有種被注視的壓迫感。因為，是真的——真的有好幾雙眼睛瞪大，直直看著呢。離的最近的是手（蹄）上拿著電話筒的豬，坐在椅子上歪著頭，似乎苦惱

人生 交換

著要說什麼；坐在牠對面的另一頭豬呈現半腐敗狀態，嘴鼻對著發話器，雙眼被紗布矇住；隔壁是剩上半身的狗，用鐵器製成好幾倍長的下半身撐著，一旁站立的豺狼則拿著屍塊對牠挑釁，還有旁邊只剩臉皮的猴子⋯⋯各式各樣的動物標本結合機械裝置，以各種擬人化的姿態凍結在這個空間。

「嘿⋯⋯我們等你很久了⋯⋯」冷不防從身後傳來的聲響，讓人瞬間喉嚨一緊、頭皮發麻。回頭看是位身材高大、頂著愛因斯坦亂髮的中年男子（到底是什麼時候這麼靠近的？），他正是這座當代藝術中心的主人馬克。

貝克基金會（Verbeke Foundation）擁有十二個標準足球場大的戶外場地和六千多坪的室內空間，除了收藏大量結合生物技術和動力裝置的當代藝術，還囊括自然生態園區、雕塑園區、溫室池塘和蜂箱聚落等等。在這座號稱是全歐洲最大的私人當代藝術中心，初來乍到的人們會在中心裡像無頭蒼蠅般四處亂竄，也是再正常不過的事。

在藝術中心的人們活得很藝術，各做各的，各過各的。

經過幾天的摸索後，我發現這裡不僅大得難以捉摸，還光怪陸離得令人匪夷所思。不論是藝術家或是工作人員一律住在貨櫃裡，十幾個鮮黃色貨櫃用樂高積木交錯堆疊的方式構成三層樓集合式住宅。貨櫃裡有床、櫃子、桌椅和兩扇窗戶，一個人住綽綽有餘。

藝術中心像是龐大的有機體，唯一不變的就是永無止境的變化，從協助展覽換檔到支援園區內舉辦的各種派對，工作內容隨活動檔期浮動。前天在午夜婚禮派對擔任手忙腳亂的酒保，今天在清晨的森林裡漫步和藝術家一同搜尋帶著雪花白點的血紅毒菇，明天會扮演什麼樣的角色？沒人知道。

而藝術中心裡最年輕的藝術家，是比利時籍三十歲不到的林。鳥巢般的深色卷髮，修飾後的上唇鬚與短落腮鬍搭上細瘦身型，活像是剛從文藝青年的模板印出來，看似漫不經心的衣著其實全在細節處琢磨。婚禮派對的當天他也來支援吧台，熟練地處理前來調請的微醺熟女和發酒瘋的伴郎群。「我幫馬克，馬克也會幫我。」他說。年輕的藝術家最需要的就是作品曝光的機會，展覽經歷如同工作履歷，商業手腕也是門藝術。

越夜越醉，溫文儒雅的男女成了被原始慾望牽動的野獸，看著眼前堆疊在酒吧前討酒喝的醉漢，讓人想起《陰屍路》影集裡的喪屍，也想起林在派對開始前說過「美麗將變得醜陋」的預言。杯盤狼藉後人去樓空，林一時興起當起午夜導覽員，我們一起沿著昏暗的光線走過一個個迷宮交錯般的展間，月光穿過溫室屋頂在地板上暈開，巨大的飛碟模型懸掛在透明的天花板上成了一抹黑雲，像是走進潛意識裡最詭譎的夢境。

穿過來自世界各地的水裝成瓶裝後砌成的牆，經過浸泡在福馬林中發出螢光的海洋生物標本，看過由各種動植物骨灰捏塑而成的心臟，我們來到了展間的一角，由好幾層黑鐵架建構而成的空間透出白色冷光，空氣飄著一股腐敗的味道，越靠近越禁不住皺眉。

架上一個個獨立的玻璃箱裡放著各式各樣腐敗發霉的屍體，灰白混濁的眼珠深陷眼眶中，細密的菌絲取代獸皮，屍斑點點。各個展櫃無不染上死亡的顏色，只有一個例外——手掌大的玻璃盒裡放著一截灰黃色的大拇指，失去血色的皮膚微皺呈現蠟樣，皮骨相接處插著一根長針連著紅黑相間的線路延伸到一台顯示著數字的儀器，一旁的電腦螢幕上是

| 喝醉的人們跳起舞來很有創意，也很有趣。

心電圖般的線性圖表，不停起伏跳動的同時發出陣陣聲響……嘶……咿呀……嘎嘎……。藝術家利用腐敗過程散發出來的微電波連接到電腦裡轉化成聲音，像是脫離主體的手指頭依舊活著，不斷哼著不成調的歌。聽林說這位藝術家已經簽了聲明書，要在過世後把自己的遺體整具保留，在靈魂先走一步後繼續歌唱。看著周圍身上被安裝機械裝置的動物們，比起藝術家追求的永存，牠們是否更想躺下好好休息？漆黑空洞的眼神有著身不由己的悲傷。

人也不自由，但有些不自由是自找的。譬如人類在國與國之間設起柵欄，從國籍到膚色對人上下打量，設下不同的標準決定誰有移動的資格。在走訪摩洛哥領事館後我發現因為手上的比利時居留證有效期限已經不到六個月，必須用其他管道申請，又因為摩洛哥不承認台灣護照，外交部官網上寫著；國人需透過摩國駐日大使館或是親赴摩國駐韓大使館申辦……離開荷蘭前和朱利安諾說好的北非相見歡看來註定破局了。

接下來呢？冬天了，就繼續隨著侯鳥向南飛吧，不選擇國家，不為任何特定的地方。

架在機械裝置上的動物們占據在空間裡的各個角落，靜默地冷眼看著。

FRANCE
SPAIN

YOUR FUTURE
HASN'T BEEN
WRITTEN YET
NO ONE'S HAS
Your Future is
WHATEVER
YOU MAKE IT
So make it
A GOOD ONE

-Doc Brown

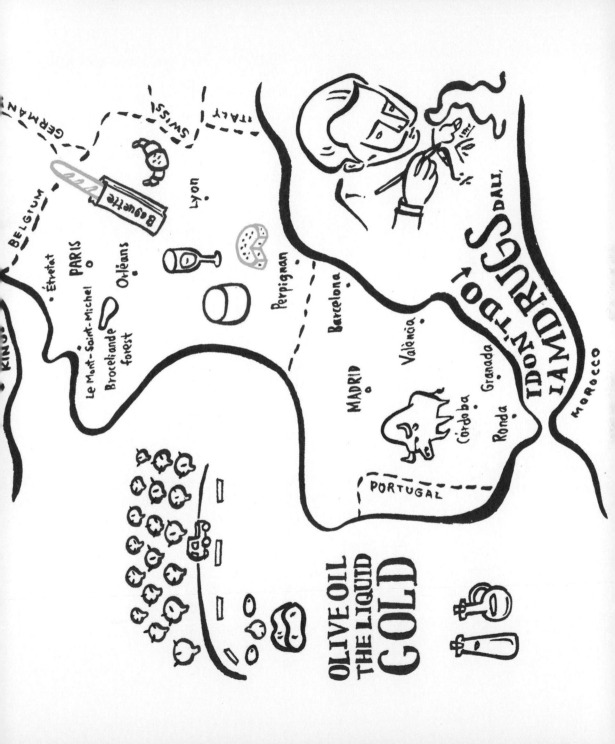

CH.7 「轟啊轉」

然後遇見

大部分的時候我的騎行路線不是窮鄉僻壤就是森林小徑，一天下來往往遇不到幾個人，好幾天沒開口說話的情況不時發生。安靜地穿梭在不同的場景裡，隨走隨停是一人限定的自在，但也因為相遇的難得可貴，所以更珍惜所有的一期一會。但說實在的，這生活還滿像上班族：差不多的時間開火煮早餐，差不多的時間待在腳踏車上面，差不多的時間中場休息，然後也在差不多快天黑的時間攤開睡袋。冬日將至，需要把握有限的日照時間，也需要足夠的休息讓明日繼續，生活作息比上班打卡制下班責任制的上班族還更正常。

五星級的茅草屋

再次告別比利時，穿越比法國界時特別停下來回頭看最後一眼，已經把離境聲明和代辦事項全部處理完，這次真的不會再走回頭路了吧？但隨即想起自己上次離開時也這麼想……凡事還是別太鐵齒，這次就乖乖說「下次再見」吧。

「果然是不同的國家啊！」

騎上法國領土就立刻記起當初從德國騎進荷蘭時浮現的第一個念頭，頂著自行車王國頭銜的荷蘭，車道有如絲綢般平坦滑順，而法國的車道則呈現了慵懶隨性的法式情調：點點坑洞何須補的慵懶，處處石塊遍地撒的隨性。在彈跳和蛇行的抉擇間迂迴前進，是另一種追風少年體會不到的樂趣。

路況在脫離主要道路後好多了，路變窄的同時，人車少了，坑洞也小了，起伏的農田在丘陵上綿延，顏色不一的黃綠方格拼接成鄉村景緻，白色雲層透出光束打在農田上染成金黃，微涼的空氣和陽光輕撫在臉上。忽然想起，有人曾問我最喜歡什麼地方？聽到問題時在我心裡出現的畫面，全是地圖上名不見經傳的小地方，在點和點之間、在路上。

當然也有風雲變色的時候，白天好處理，穿上雨衣繼續前進，傍晚就沒這麼容易，樹叢間隱密的紮營地點可能坑坑窪窪積滿水，睡在濕答答的裝備裡讓人很難開心。今天就是這樣的一天，隨著天色暗下，我左右張望的頻率逐漸增高，空曠的田野放眼望去阡陌縱橫，完全沒有任何遮蔽物。雨，下得更大了。透過沾滿雨珠的鏡片，視線矇矓地看見前方田中央有棟建築

物，看起來比路上常見的工具間大又比住家
小，漆黑的入口寬大無門，我推著車切過
收割後的田地走進去。是間十坪不到的小農
舍，三分之二的地面堆放著大綑牧草堆，其
他空間薄薄鋪著草，還有些乾牛糞。

這裡應該是牧牛休息的地方吧？想著牛在辛
苦工作一天後懶洋洋地躺在這裡眼睛半閉，
嘴裡嚼著草，也彷彿看到自己躺在乾草堆上
呼呼大睡的模樣。將東西全部卸下後把車靠
在牆上，鋪平稻草，打理好今晚的窩。

聽著傾盆大雨敲擊在屋頂上的猛烈聲響，
配合狂風奏出的高亢旋律，窩在乾燥柔軟
的牧草堆中聞著植物香氣，用清水洗淨今
天在路旁撿到的白蘿蔔——可能是根部斷
裂賣相不佳被農夫棄置的吧，小嚐一口發

現味道意外鮮甜，便一口氣喀啦喀啦把兩根蘿蔔生吃下肚，最後在溫暖的草堆中沉沉睡去。

隔天雨勢變小，白天陽光燦爛，但到傍晚時天空再度轉為陰鬱，雨嘩啦嘩啦落下。看這來勢洶洶的磅礡氣勢，想必我今天是沒時間慢慢找營地了。瞄到路旁有露營區的指示牌，便朝指向的山坡衝上去，費了一番力氣終於到達營地，卻是大門深鎖，不甘心地按了門鈴，當有人出來應門時我著實鬆了一口氣，暗想今晚的安身之處有著落了吧？

「不行，我們現在冬季關閉，警察抓到會開罰單。」露營區主人用手機翻譯系統，亮出螢幕上法翻英的字幕，將人拒於門外，他身旁壯碩的看門狗張著大嘴哈著氣，在冰冷空氣中凝成陣陣白煙。碰了一鼻子灰的我只好從山坡上一路滑回原點，繼續在風雨中踩踏前進。

身上的行動糧在中午時已消耗殆盡，路上也無處躲雨開火煮食，只好一路前進，幾個上下坡後身體開始發出飢寒交迫的陣陣哀鳴，響亮的咕嚕聲連自己聽得都快不好意思了。正萌生「睡著就沒事了」這種自暴自棄

然後遇見　轉啊轉

的念頭時，前方隱約出現一座木頭搭蓋的車庫，旁邊不遠處的房子裡亮著光。可以擋風避雨的車庫！眼睛一亮抱著一絲希望敲了門，屋裡敲敲打打的聲音停下，門打開，身穿連身工作服的大叔手上還拿著工具，面對意外的訪客顯得有點驚訝，在得知來意後隨即答應，正心滿意足的推車前往車庫時被叫住，「外面很冷，睡屋內吧。」

原來這棟房子是菲利浦大叔親手打造的新家，新家的廁所、廚房和客廳都已經大功告成，但目前收工後他還是會回到老家休息。臨走前他把房子鑰匙交給我，要我離開時記得鎖門後投進信箱即可，還寫了老家地址，說假如隔天騎到這附近需要有地方過夜，隨時歡迎。原本吃了閉門羹的淒風苦雨夜在菲利浦出現後全面翻盤，享受冒著煙的晚餐、熱騰騰的澡，還洗了好幾天份的髒襪子，在這棟未完成的屋子裡像是回到自己家一樣。印象中自從上路之後，好久沒睡得這麼熟、這麼久，眼睛睜開是一片白亮，終於雨過天晴、風和日麗。

充電後的腳勁特別有力，沒多久就到了位在諾曼第海岸的象鼻海岸埃特雷塔（Étretat），小鎮尚未甦醒，石板路上空無一人，只有造型特殊的

老房子矗立兩旁，百年依舊。

埃特雷塔因為法國作家莫泊桑（Guy de Maupassant）用「如象鼻伸入海中」的字句描述當地受海浪長年侵蝕造就的地質奇景而得名，強而有力的象鼻把文人墨客與藝術家全吸到這裡，使之成了眾多創作的主題和場景。曾說過「我不會畫天使，因為沒有見過祂們」的現實主義畫派畫家古斯塔夫・庫爾貝（Gustave Courbet）、在同一個地方畫了好幾張作品的印象派畫家克勞德・莫內（Oscar-Claude Monet）、心不甘情不願

創造出紳士怪盜亞森羅蘋卻意外走紅的作家莫理斯・盧布朗（Maurice-Marie-Émile Leblanc）、曾因開罪拿破崙三世被放逐流亡的「法蘭西的莎士比亞」維克多・雨果（Victor Hugo）……古往今來，有多少人曾走在這條路上，在不同的時間，同個空間遊走？

路走到盡頭就是海邊，站在海上的是那頭名氣響亮的大象，象鼻旁有三角岩柱；另一側懸崖上有座尖頂教堂。明明初來乍到怎麼有種似曾相識的熟悉感——根本是冰島國境之南的維克小鎮翻版！

懸崖下的海蝕洞、帶著精靈傳說的三角岩柱和尖屋頂的教堂，這些元素一樣不少，配置稍有變動而已。看來老天也有偷吃步的時候，把精心雕琢的山水大景在海角天涯處拷貝貼上，好巧不巧被我撞見。意外地在法國遇見冰島，忽然想起幾個月前趴在懸崖邊拍著帕芬鳥的自己。有首詩這樣寫著——

Memories are islands, time is like water, and life is a jpurney. We drift on a boat. Sometimes we land for comfort, before going on our trips, while others stay forever.

記憶是一座座小島 時間像水 生活是旅行
我們在船上漂泊 有時靠岸尋求慰藉 然後繼續前行
有些人離不開小島 便停止了旅行

我沒有停止旅行，卻終究回到小島。

然後遇見 轉啊轉

佇立在海邊喝水的白色大象。

她的名字

太美好了。離開象鼻海岸的第二天，騎行就接上一路從巴黎通到聖米歇爾山（Mont Saint Michel）的自行車道，全長四百五十公里的綠色隧道，串連起鄉村田野和山谷森林，再也不用夾在人行道和車道間狹小的模糊地帶左右為難，省下不斷在岔路口遲疑的時間，多了在森林午睡的好時光。人潮似乎全隨著夏天一起離開，除了幾名小腿結實、一身輕便的騎士偶爾從旁呼嘯而過，數日下來幾乎沒遇到人。連日陰雨讓森林裡的墨綠全貼上一層亮膜，滿地金黃的落葉在車輪軋過時唰唰作響。

肚子開始有點餓，快中午了吧？前面的木桌椅剛好可以當臨時廚房，從車包裡掏出一個沉甸甸的大罐頭，這是湯姆的好意。湯姆是昨夜認識的建築師父，我在他家不遠處的樹林裡紮營時碰巧遇見，便邀我去他家的客廳過夜，湯姆在壁爐中升起熊熊火堆，隔日我啟程前更把櫃子裡的糧食一股腦兒拿出來堅持要我帶走，其中包含我手上這個義大利肉醬餃子大罐頭和一瓶兩公升的橘子汽水，先把罐頭當中餐解決掉，汽水就……暫且當重量訓練吧。煮到一半雨又開始下了，直接連人帶爐具整組進駐

| 諾曼地牛的特徵，有頭頂凸一塊、留著短瀏海外，還有戴眼鏡般的黑眼圈。

桌底下，吃完用雨水和落葉洗碗，打個飽嗝繼續上路，面對路上的晴雨無常，越來越能夠隨遇而安。

關於過夜地點，綠色隧道附近太過明目張膽，需要在天黑前騎出岔路到遠一點的樹林物色地方。轉出去後眼前是整片開墾後的丘陵牧場，沒有任何藏身處。但既來之則安之，就問問農場主人願不願意收留吧。根據過去幾個月來的經驗，成功機率不小。畢竟在占地廣大的農場裡搭個帳篷，不過是青青草原上冒出的一朵香菇罷了。

繞到農場後方，剛好遇到農場主人在屋外沖洗靴子，「你真的很幸運，方圓百里內只有我會講英文。」休伯特這樣跟我說。俐落的灰白短髮，濃眉下幾道深邃刻在臉上的皺紋很有型，嘴角的一抹微笑帶點喬治‧克隆尼的自信。休伯特說他從小就喜歡英文，所以底子打得好，還說喜歡在鄉下過生活，就算在農場工作很辛苦也很幸福。「我喜歡我的生活。」看著前方落日餘暉把草原照得發亮，他一臉篤定地說。

休伯特問我是不是沒在農場生活過、想不想體驗擠牛奶？腦中先是閃過

在冰島農場擠牛奶的畫面，隨即想到有機會幫忙是件好事，便在停格0.1秒後帶著堅定的微笑點頭答應。休伯特細心向我解說每天固定的流程，從親手擠牛乳的指法手勢、電子儀器上每個燈號代表的意思，到他如何幫一隻接一隻報到的新生小牛命名。

每年度的牛都用同樣的字母起頭，假如今年是A就會有Amy、Ann、Alice，明年就會是B起頭，如Bella、Betty、Barbara等等，以此類推，就算不用數字也不會亂了頭緒。休伯特一一教我每個步驟，卻沒讓我工作的意思，一邊迅速地完成每道手續一邊堅持幫我拍「偽工作照」，我就在完全沒幫到忙的狀況下收工了。

「辛苦工作的人值得美食獎賞。」他說得理直氣壯我聽得心虛，晚餐是休伯特妻子茱莉準備，跟可麗餅（Crêpe）看起來很像的蕎麥煎餅（Galette），是法國西北部布列塔尼區（Bretagne）餐桌上常見的傳統食物。煎餅的成分很簡單，蕎麥麵粉為主，小麥粉少量，水、鹽適量。比例呢？說是調到麵粉醬可以流動但流不快就可以了。可麗餅的成分則是小麥粉、糖、鹽、雞蛋和牛奶，主要包甜餡，而煎餅包鹹的料。拿到

| 法，軟皮、料單純；日，軟皮、爆漿鮮奶油；台，脆皮、料無敵（完勝）。

現煎的餅皮後自己動手抹上奶油、放進培根、起士等配料，如同墨西哥捲餅、越南春捲、台式潤餅……看來世界各地都有把好滋味捲起來的傳統，美味一手掌握。一口吃著熱騰騰的煎餅，一口喝著自家釀的蘋果酒（Cider），「歡迎來到布列塔尼餐桌。」休伯特笑著說。

由於有頭母牛即將臨盆，整晚只見休伯特不時離席去農舍查看。突然一通電話，茱莉嘰哩咕嚕說了幾句後掛斷。原來小牛快出生了，已經在農舍的休伯特要我快過去。匆匆喘著氣跑過去，看著被隔離的母牛倒在地上蹬腿，不時發出哀鳴，休伯特蹲跪在牠身後。羊水流淌在草上，母牛動作越來越劇烈，牛犢小小的前腳和鼻子首先探出外頭，肩頸胸腹跟上，裹著胎衣的小牛像是全身塗滿潤滑油隨母牛悶哼一聲骨溜落地。

| 想起昭和詩人寺內壽太郎寫的一行詩：「生而為人，我很抱歉。」

產後的母牛像是沒事般回頭細心舔舐小牛，小傢伙也很有活力的踢著腳。休伯特笑著回頭說，「今年輪到L，你來幫牠命名吧。」啊，這麼突然！？幾個字母在腦袋裡飛轉，努力想抓住幾個好拼湊出個什麼「Li⋯（啊，是要跟我姓嗎？）Li⋯Little⋯Lili！」就這樣Little Lili成了她的名字。

現今的農場產業鏈下，兩年後Little Lili會產下另一頭小牛，並展開日復一日站在擠乳器前，成為工業化農牧一環的生活，然後在八年後被農場淘汰做成漢堡。經濟效率至上的現代社會讓經過基改良的雞長出了巨大的胸脯，大到讓牠難以呼吸，把豬灌食讓牠胖到站不住腳，乳牛密集地人工受精成了流水線上的製乳機……關於這些，我們選擇視而不見。凝視著剛出生的Little Lili顫顫巍巍努力站起來的樣子，想起在冰島農場那頭絕食後骨瘦如柴幾乎站不住腳的母牛，雙眼卻有成牛罕見的清明透澈，鍍上一層新生兒特有的瓷藍。槍聲後奄奄倒下的身影，沒有怦然巨響，像是無聲的黑白電影，塵埃揚起後安靜落地。

在遙遠的另一個農場裡，一頭新生的小牛，巍巍顫顫地站了起來。

225

海上浮島

自從在德國和日法混血青年皮爾告別後，就再也沒遇過其他腳踏車旅者了，想不到今天一次遇到兩個。

在下著雨的大山坡，他們滑下坡的同時我正賣力地踩上坡，沒特別停下來，只在交錯瞬間相互打量和點頭招呼。男生在腳踏車後外掛小拖車，女生是常見的馬鞍式車袋，一般看裝備磨損的狀態和騎士對外在不拘小節的程度，通常可以猜出在路上多久，看他們的樣子……應該是前輩。本以為只有一面之緣，想不到幾分鐘後又遇上了。原來我們都被莫名其妙的指標搞得團團轉，但其實目標一致都是要到聖米歇爾山。突然間就多了伴，變成三人行。

費黛麗卡和約恩是對法國情侶，在環球路上一年七個月，現在離家門只剩最後一千公里路。獨騎和有人結伴是截然不同的平行宇宙，沒有哪種比較好，只是選擇不一樣而已。總之，在法國迷路的時候有兩個法國人帶路是件幸福的事（就算他們剛剛也迷路），不僅前面有人打先鋒，省

去找路力氣的輕鬆之外，還可以幫忙擋風，我們邊騎邊從紐西蘭崎嶇蜿
蜒的山路聊到外蒙古沒有地方補給的無助，抵達聖米歇爾山前的漫長路
過去得不知不覺。

「快看！」約恩突然停下車，興奮地指著右前方。沉重昏蒙的天空和看
似荒涼的大地之間裂開一道白，細長水紋映著波光，海平面上有座像山
又不是山的島，硬是撐開一片渾沌。聖米歇爾山是座由花崗岩構成、距
離海岸約一公里的圓錐型小島，退潮時被無垠的白流沙圍繞，漲潮時便
成海上孤島。

據說在公元八世紀時有位奧貝主教夢見大天使米歇爾指示為祂建造一座
建築物，連續兩次夢醒後主教都沒放在心上，直到第三次夢見大天使夾
帶著閃電雷轟在他腦門上戳一下，主教在醒後摸到頭上多了個凹痕，立
刻誠惶誠恐地在島上的最高處建造一座教堂奉獻給祂（要是麻煩大天使
再來，可能就不是戳頭而已），以大天使為名故稱聖米歇爾山。

簡而言之，是個大天使警惕世人罩子放亮點的故事。

| 傳說中打敗撒旦的大天使聖米歇爾絕對不是個好惹的角色。

千年來滄海桑田，當年為大天使蓋的小教堂成了僧侶生活居住的修道院，人們用八個世紀的光陰逐年擴建，修道院依山而起，高度是島的兩倍，重達五百公斤的大天使聖米歇爾鍍金像手持利劍，佇立在教堂頂上。這裡是天主教除了耶路撒冷和梵蒂岡之外的第三大聖地，也是每年高達兩百五十萬人拜訪的觀光熱點。

因為是淡季，腳踏車可以直接騎上連接小島的人行路橋，直抵山腳。進城門前把車靠在石壁上用椅墊當餐桌，一起把午餐從車包裡拿出來的時

候，一夥人不約而同笑了，乳酪和麵包果然是最標準的法式行動糧。邊吃邊聽他們話從前，原來這座孤島曾是英法百年戰爭中的軍事堡壘，也是法國大革命時囚禁罪犯的海上監獄。

十九世紀時因為建造運輸交通的堤道，無意中破壞了海潮規律，泥沙淤積讓小島周圍地勢逐漸增高形成陸地，聖米歇爾山終於變得平凡無奇。於是在二〇〇六年開始長達數年的改造工程，終於讓大海回歸，浮島重現。這座蓋在岩石上由房舍、城堡石牆和修道院組成的中世紀建築群是依據身份高低打造，底層是平民老百姓生活的地方，中層是掌權者的活動範圍，而最高層是神住的所在，也是整座島的靈魂。約恩和費黛麗卡因為不算便宜的修道院門票，決定在山城周圍繞一圈後離開。

不過，在風雨中收留我的菲利浦大叔對成千上萬的觀光客到訪聖米歇爾山，卻選擇過門而不入感到很可惜，來之前就曾殷殷叮囑我千萬不能錯過。於是告別了約恩和費黛麗卡，一個人在這座獨島山城裡四處逗留，慢慢地一一走過人與神住的地方。

關閉的，打開的

離開了西岸的海往東南去，騎進了森林。活在潘蓬湖（Paimpont）底下的精靈趁著夜色浮出水面，可以預見未來的魔法師梅林卻沒看見自己被迷戀上的仙女薇薇安囚禁在橡樹裡的未來，無意間拔出石中劍的亞瑟王和尋找聖杯的圓桌武士在森林裡打轉，對愛情不忠誠的騎士們被魔女莫干娜羈禁在不歸谷遺忘歲月……充斥巫師、魔法、精靈、傳說的布羅塞瑞安魔幻森林（Foret de Brocéliande）好不熱鬧，還被冠上「迷途森林」的封號來告誡世人別貿然前往。這麼有趣的地方，能不去嗎？騎進

森林前瞥見附近的廢墟被人畫滿塗鴉，一面是騎士女巫和精靈的圖樣，
另一面是整片茂密的樹林，樹梢的葉子上長滿血紅色的眼睛靜靜地望著
森林的入口。

連日下來，白天在山徑間遊走，晚上在月色下紮營，閉上眼躺在金色落
葉鋪成的床上，總有窸窸窣窣的聲音傳來，像是低語又像是刷過草地的
腳步。在大雨突來時躲進千年橡樹洞裡啃著長棍麵包，又有種被森林守
護的安心。我像是誤入不歸谷的騎士，在魔女設下結界的森林裡逐日漫
步，沒有目的地，忘卻了時間。

真的有這麼遲了嗎？經過的小城鄉鎮全都門戶緊閉，偶有行人拉緊大衣在路上匆匆走過，隨即消失在門後。露營區呈現休業狀態，四處一片冷清，我一個人像隻玩過頭的候鳥在蒼茫暮色中獨自飛翔。除了在樹林荒野裡紮營，冬季休業的露營區也成了另一處棲身的好地方，那裡有人去樓空後留下的空白和自由自在。

離開魔幻森林後，我沿著法國最長的羅亞爾河（Loire）向東騎，一千多公里的銀色長河穿過綠波翻湧、鬱鬱蔥蔥的森林，有幾隻野豬在水塘邊打盹，呼嚕嚕的聲響讓兔子們豎起耳朵，小鹿眼睛半閉，鼓著腮幫子專心地嚼食青草……中古世紀以來羅亞爾河谷地是王侯們最愛的狩獵場，一棟棟狩獵宮殿沿岸矗立，皇家貴族像是大富翁遊戲裡的富豪，上百棟城堡占滿法國地圖，因此有了「法國後花園」的頭銜。

腳踏車在停車場以晾衣架的姿態超展開，車把手套著破了大洞的毛襪、籠頭攤著留有白色鹽漬的排汗衣、座椅披上微濕的睡袋、最低調的車架下掛著偽裝成抹布的內衣褲。旁邊則是剛從遊覽車下來、光鮮亮麗的遊客。我幾乎把所有家當攤在陽光下後心滿意足的走進城堡，讓它獨自承

受眾人（羨慕？）的目光。

與目的地的距離在城堡和城堡間逐日縮短，帶著劉姥姥逛花園的心情騎過羅亞爾河谷。撇開法國後宮（啊，不對，是後花園）的風花雪月不說，河流沖積出肥沃的土地孕育出名滿天下的葡萄酒，可惜周圍開發的林地太過整齊有致，藏不了身，村鎮間也不見露營區的招牌，只能在天色暗下來之前四處敲門。明明前一刻還沐浴在金色夕陽下，突然間就下雨了。匆匆把夾在車袋上半乾的襪子塞進口袋，朝著彩虹的方向加速前進。

大雨中有位老爺爺走出民宅，眼見機不可失立刻趨前詢問哪裡可紮營？老爺爺好心提供有屋頂的柴房，老奶奶塞給我一大塊剛烤好的蘋果派。暗夜中隱約聽到接近的腳步聲，我從睡眼迷濛中勉強望向閃過的光束，一位青年在黑暗中探頭進來，原來是村子小，柴房住著外來訪客的事早已傳遍。青年是附近的農場主人瑞米，他說不嫌棄的話可以去他家過夜，就如此放心的打開家門，和陌生人分享生活。隔天我帶著一大瓶瑞米現擠的鮮奶離開村子，在路口遇見朝著柴房張望的老奶奶，我笑笑地朝她揮揮手，說蘋果派很好吃。

傳説過去村內女孩普遍性觀念開放（文獻上寫道德淪喪），所以當有個處女在教堂結婚時，
尖塔因為太過驚訝轉頭看她導致出現扭轉模樣，據説當下一個處女在那裡結婚就會迴轉
回來，四百年後的今天，尖塔旋轉依舊。

「啊！啊！幹⋯⋯」在大下坡的時候發現剎車失靈，就像是上廁所上到一半門突然被人打開一樣令人情不自禁飆出髒話，只是前者讓人閃尿後者讓人尿不出來的差別而已。

「砰！」失控的腳踏車最後終於因撞上山壁停下來，我閃避了右邊的碎石坡，卻一頭栽進左邊石壁前的灌木叢後倒臥其中，多虧厚實的枝葉折衝了大部分的撞擊，雖然模樣悽涼可笑，但至少人全身而退毫髮無傷。

當初因為路人一句「那裡住著很多藝術家，是我最喜歡的村莊。」起念轉進通往拉加西利小鎮（La Gacilly）的蜿蜒山徑。不料半途摔車，我只好推著車越過幾座山丘，發現岔路旁的一間農舍。農家的工具一向不算少，或許有機會修好腳踏車？向笑臉迎人的農舍主人莉莉和不苟言笑的薩爾吉說明來意後，雖然沒借到工具，薩爾吉倒是自顧自動起手幫我修車，「交給他吧！」莉莉直拉著我進屋喝茶，走進玄關的瞬間我不由得瞪大雙眼，披著紗麗的印度木雕人偶，白瓷杯具上纏繞藍紋，細碎光芒

透過枝形水晶燈灑落在厚實的地毯上，來自世界各地的藝術收藏品和作工細膩的古董家具安置在石牆農舍裡，儼然是棟低調奢華的收藏館。在支離破碎的法文會話中腳踏車修好了，天也黑了。最後被留下來吃燭光晚餐。深夜裡躺在柔軟的床上慢慢下陷，做了個穿越時空的美夢。

隔天尋覓落腳地時，我停在冬季休業的露營區前四處張望，鎖上鐵鍊的大門看起來不太友善，但低矮的圍牆又似乎在向我招手……還在衡量去留，一名腳踏車騎士停下來好心地幫忙我撥一直沒通的露營區服務電話，後面轎車上的一對男女也跟著探出頭來湊熱鬧。

忽然間一個台灣人的事成了三個法國人的

煩惱，他們展開熱烈討論，在我耳裡只有一連串無法解讀的嘰哩咕嚕。最後似乎達成協議，削去半邊長髮的微龐克女郎朝我走過來笑著說：「你好，我是蘿希娜，我家距離這裡大約十公里，假如你願意就來我家吧。」十公里不過是從台北火車站到土城的距離，近得讓人難以拒絕。

出乎意料，龐克女郎家沒有黑牆壁、鉚釘和皮沙發。蘿希娜家在郊區的小村莊裡，一棟有壁爐和閣樓的鄉間小屋。她白天是位被小孩包圍的特教老師，晚上睡前會燃亮放在瑪麗亞像前、玻璃杯裡的短蠟燭。她介紹家裡每個細節角落，安置好客房裡的床鋪，然後在唱片機上放上她最喜歡的音樂後離開，說是晚上有個約會。

一個人留在陌生人的家裡（以她的角度是把整個家留給陌生人），意外地放鬆。可能是空間裡充滿光的關係：花型吊燈將天花板染成一片桃紅，懸在紅椅上方的圓燈用光影在地上畫圈，矮書櫃上的卵型燈有一圈柔和的光暈，就連壁爐也有柴火發出的熠熠火光；也可能是彷彿夢囈的法語歌曲，很快地，我睡著了。

「太好了，看來你有好好休息。」再次看到蘿希娜已是隔天早上，她在廚房切著剛烤好的麵包，看著我睡眼惺忪地走下樓。後來才知道原來蘿希娜是擔心主人在家會讓我感覺拘謹而刻意找藉口離開，夜深後才躡手躡腳地走進家門。離開前她還忙著聯絡住在另一個城市的哥哥，希望幾天後當我到了那城市，可以不用為了睡哪裡而操心。短短幾小時的相處，深深感覺到自己被心思細密的蘿希娜好溫柔的照顧著。

離開蘿希娜家之後沒幾天，氣溫開始驟降，停下來沒幾分鐘就會讓人渾身直打哆嗦。這天上路狀況不佳，特別精神不濟，不時點頭晃腦地打瞌睡，全因前一晚太過寒冷導致肌肉抽筋而驚醒，在荒廢小屋的後院、露宿袋中咬牙切齒地把抽筋的腿肌按摩拉直恢復後，人也徹底清醒了，考量與其繼續躺著發抖不如提早拔營，騎車暖暖身。於是，凌晨兩點開始在河道旁的小徑上騎行，壽命將盡的車燈能照亮的範圍僅有咫尺，在可以避開石頭坑洞卻看不見地形變化的暗夜裡前進，墨汁般飽滿的漆黑中，聽見一條大魚從河中央一躍而起，隨即「唰」一聲入水游去。

寒風像刨刀把臉頰刮得紅通通，鼻子被凍得微微刺痛，身體倒是熱得

| 在露宿袋裡一邊抽筋一邊掙扎，一邊想著羽化前不斷蠕動的巨蛹畫面。

很，背脊上多了幾顆汗珠——不是因為騎車取暖的關係，是幾秒前沒看
到前方的陡下坡，差點連人帶車衝進河裡嚇出的一身冷汗。

好不容易捱到天亮，又因睡眠不足而昏昏欲睡，好在路上沒有其他人。
鬱鬱蔥蔥的大樹夾著小徑，遮去大半烈陽，地上鋪滿落葉和帶刺的栗
子果實，不時在轉角撞見無名城堡，像是台灣街上的便利商店一樣出
現頻繁。下午兩點，車子和腦袋同步左搖右晃，輪胎在沙地上留下蛇行
足跡，才過中午沒多久，我眼皮已經快張不開了，踏板踩得有一搭沒一
搭。撐著眼皮一路到黃昏，也撐到了河岸邊的開放式露營區。

露營場冬季關閉不意外，意外的是營區內人滿為患：草地上躺著成雙成
對的情侶，老爺爺在小徑上遛著不受控制的孫子，河道上停泊幾艘船
屋，纜繩掛著幾件衣褲隨風飄盪，沒人是來露營的。摸摸鼻子掉頭離開，
撐著眼皮繼續找，卻找到躲在樹林裡接吻的青少年，只能說聲抱歉打擾。

回到鎮上看見圍牆內一戶人家有座大花園，是那種花草列隊排排站、樹
木彷彿複製貼上般整齊的法式庭園。雖然心知越精緻的花園成功機率越

低，但還是被半開的柵欄吸引進去。再次吸氣吐氣，敲敲門。「哈囉，你好嗎？」還沒來得及開口，應門的大叔已經滿臉笑容地伸出手，彷彿眼前的陌生人是他久別重逢的好友。米拉蒙整齊俐落的白髮和鬍子配上黑框眼鏡，活像是胖了幾公斤的肯德基爺爺。

得知訪客在動花園的歪腦筋後，他右眼快速地眨了一下，「請稍等，讓我請示老婆大人。」語畢便消失在門後。然後帶著「晚上氣溫很低，人需要待在屋內。」的結論為不速之客打開家門。的確，比起外面的冷硬，裡面溫暖許多。「屋外法式風格，屋內英式情調。」米拉蒙笑著說，琳瑯滿目的生活雜物映入眼簾，隨興中又亂中有序、繽紛自然。

隔天一早米拉蒙換上筆挺西裝，肯德基爺爺原來是位查稅員。回報他好心收留的明信片上印著位缺了牙、笑開懷的老爺爺，跟他一樣溫暖，也像其他一扇扇打開的門，陪著我一路騎過漫長優美的河谷。

然後遇見　轉啊轉

終於遇見了小王子，可惜他身旁已經有了玫瑰。

me despertaré cuando el arte... se despierte

假如睡覺是項才能，我想我是天賦異稟。

Lyon
traboules

腳踏車旅行，大部分的時間是一個人不斷前進的過程，偶爾也有例外，我喜歡這種偶爾的例外。

這天，原本的毛毛細雨像是被誰轉大了開關，忽然氣勢磅礡了起來。我急停在小教堂前的廣場，慌張地趕在全身濕透前套上雨衣。一名男子行色匆匆經過，左手提著脹鼓鼓的手提袋，右手放在額頭前遮雨，被雨滴打亂節奏的兩人在廣場交集相視苦笑，他決定停下腳步，關心一下看似落難異鄉的狼狽旅人。

「@#$%^&*……」一長串悅耳動聽的法語。

「抱歉，我聽不太懂……」實在很對不起大學的法語老師啊！

「你喜歡法國嗎？」對方體貼地切換成英語頻道。

「Oui～」是的，為表溝通誠意，換成我切換到基礎法語頻道。

「喜歡法國的酒嗎？」好在對方還是用英語提問。

「Oui～」是，兩學期的法語到頭來只能說出「喂一、喂一」，實在淒涼。

忽然間，他打開手提袋拿出一瓶酒遞過來，「禮物，給你。」

「Quoi？」什麼？

事發突然，虧我還記得「什麼」的法語發音是「呱呱叫」。

「祝你有美好的一天。」說完後男子揮揮手，繼續往雨中疾行。留下我手上拿著天上掉下來的禮物，是瓶在地窖存放了十年以上的希農紅酒，沉甸甸的酒瓶上裹著一層保鮮膜，沾有些許塵土。

「Merci beaucoup！」（太感謝你了！）我朝他大喊，他回過頭笑著點點頭。不到五分鐘的遇見，謝謝你讓我有個美好的一天。

延續著這份好運，連下了幾天的雨似乎終於到了盡頭，天空湛藍，還沒中午就抵達中部大城奧爾良（Orléans）。這裡是水陸交通樞紐，也曾是法國皇城，位居要

津。少女貞德曾在這居住，也在這裡打敗英軍，是座國家級歷史文化名城。一路下來我對城市已經有一套標準的作業程序——早早抵達，速速離開，謹守不在城市看黃昏的原則，避開後續衍生的煩惱。今天也不例外，由於比預期中早到，我穿梭在街道中，想到遊客中心一口氣滿足水源、地圖、網路三個願望。市中心的路線錯綜複雜，為了搶時間我打算直接問人。四下一瞄，紅燈下那位騎單車的女子一身輕便的樣子，看起來就像當地人。

在精準地回答遊客中心的所在地點和貼心提醒我關門時間後，她微笑盯著我車上的大包小包，開口詢問：「今晚有地方住嗎？」有點驚訝，從來沒遇過拋出的第一個問句是如此直接。在獲知我騎出城紮營的計畫後，她歪頭思考了一下，「可以住我家喔。」爽朗笑容讓人感覺不到一絲勉強。趁著她去採買時，正好逛逛舊城區，難得能在沒有時間壓力下好好享受在老巷弄裡四處鑽行的悠哉。

依約照著紙上的地址在樓下按門鈴，不一會兒蘿拉從二樓窗台探頭揮手，最後一抹落日餘暉停駐在她臉上。樓梯下放著兩台車，一台是遇見

時她騎的淑女車，一台是看起來身經百戰的斜躺式腳踏車。「這台是旅行時騎的。」蘿拉說。原來她三年前曾經和當時交往多年的男友一起歷經兩年的自行車環球旅行，對於人在旅途會遇到的光怪陸離二三事，不用說太多就能心領神會，也難怪她提出的問題皆切要核心。

「可以用我的洗衣機把所有裝備好好地洗一洗。」不愧是同道中人，果然內行！蘿拉還說晚上有個已經延期一個月的電影派對，打算一口氣看完1985年上映、紅遍大街小巷、也是陪伴我長大的科幻電影《回到未來》系列三部曲。因為剛過不久的2015年10月21日，正是續集裡主角馬帝與布朗博士穿越到未來的「那一天」。

我決定跟著蘿拉去參加電影派對，抵達後發現有許多人參與，有人忙著擀披薩皮，有人切著生菜水果，還有人從烤箱裡端出三、四種甜點蛋糕。真的是電影夜嗎？怎麼看都比較像食物趴啊。好在自己手裡有一瓶陳年紅酒可以聊表心意，不算太失禮。

「嘿，歡迎！蘿拉有跟我們說她在路上撿了一個陌生人。」在兵荒馬亂

| 重要的旅行夥伴，迷你水筆、小型調色盤、鉛筆橡、皮擦和一張衛生紙。

的廚房中有位可愛的女人走過來和我握手，應該是這棟房子的女主人。
身為唯一的陌生人，我努力地消化著滿屋子的人名和滿桌食物。酒足飯
飽之後早已過了午夜，到了未來，還是沒能完成近七小時的三部曲。

隔天依舊是周末假期，蘿拉和畫友們相約城市速寫，也邀我一起。短短
的兩天相處，漸漸發現自己和年紀相仿的蘿拉有許多共通點，像是喜歡
閱讀、電影、畫畫、自行車旅行，還有我們都為了漫漫旅途準備了厚厚
一疊畫紙，到頭來只畫了一兩張。蘿拉鼓勵說：「你的旅程還沒結束，
還來得及。」

是啊，我怎麼忘了？站在橫跨羅亞爾河的百年老橋，畫下眼前的河岸倒
影和拿著釣竿的大叔，凌亂筆觸在紙上留下生疏的印記和奧爾良幾個角
落的片段記憶。多虧了蘿拉，讓我找回被自己遺忘的「老朋友」。

幾天相處下來，觀察蘿拉人前人後活力四射的模樣，某幾個電光火石的
瞬間，在她開朗直率的笑容後，似乎有什麼沉甸甸、無以名狀的東西壓
著。有次在客廳一邊翻著她過往旅行中累積的一本本畫冊，一邊聽著旅

行片段，不知是聊到什麼，她提起和前男友那段環球腳踏車之旅。

「聽說愛情經得起長途旅行就經得起生活考驗，嗯？」
她說這句話時音調起了點微妙的變化，像是空中的拋物線中間多了個不合邏輯的波動，聲線抖了一下。

旅行路上一切都好，不論風吹雨打還是意料之外的經歷，關關難過關關過。然而回來之後對方的脾氣變得暴躁易怒，像是變了一個人。從新鮮刺激讓人心跳加速的旅行重回柴米油鹽醬醋茶的日復一日，前後的落差讓他難以接受，意志消沉地拒絕工作，幾近賭氣般地自暴自棄。

蘿拉不離不棄，他反而變本加厲開始一次次的傷害逼她離開。說是為了她好，好了會回來找她，最後的結果是另結新歡。這次換她掉到谷底，開始用大量的學習把行程塞得密不透氣，埋首工作讓自己無暇分心。縱使有其他人到身邊，卻到不了心裡。

然後遇見　轉啊轉

| 紅線斷了也什麼大不了，要嘛找個同步同頻的再繫上，要嘛享受少了羈絆的輕盈自在。

我問起她的人生哲學，關於生活或是旅行。蘿拉眉頭微皺歪頭想了一下，在筆記本上飛快地寫下：「永遠」有結束的一天，「永不」從不存在。受傷無可避免，但受苦是可以選擇的。一切都關乎平衡……「還有，永遠作自己。」

隔天一早醒來，蘿拉正要出門上班，看著她的鮮紅色大衣、合身小洋裝和精緻的五官。「你看起來好美！」我不自覺脫口而出。

「我必須要。」蘿拉嘴角彎成完美的弧線，似笑非笑。

LE MOT TOUSOURS A UNE FIN
ET LE JAMAIS PLUS N'EXISTE PAS
~~SOUFFRIR~~
AVOIR MAL EST INEVITABLE
MAIS SOUFFRIR EST UNE OPTION !
TOUT EST UNE AFFAIRE D'EQUILIBRE
et Always be yourself !
Laure

| 蘿拉的人生哲學。

生活是趟不知道終點的旅行，時間流轉旅伴來去，能陪到最後的只有自己。

沙蒂隆小鎮（Châtillon-sur-Loire）

庭院深深深不見底

難得過了幾天有家可歸的生活，對於這個城市開始熟門熟路了起來。但我再怎麼熟悉，終究也只是個過客。告別了蘿拉離開奧爾良，回到居無定所的路上。這個默默無名的河岸完全是我喜歡的模樣——河邊綠樹林蔭成群，三兩小木屋座落，沒有人。冬季關閉的露營區關了衛浴室，卻依舊敞開入口，讓遲來的旅人獨享河岸森林。躺在草地上撐起的彈簧床仰望幾乎明亮到刺眼的星空銀河，身旁是悠悠深河淙淙流淌。半睇著眼看著墨黑的河承接碎落的星光，忽明忽滅。像是派對過後沾在臉上、黏在手裡去不淨的小亮片。再睜開眼，看見穹蒼深處透出一條線，湛藍紅紫橘黃漸透白，飽滿扎實的曙光硬是把天水染成一片。我單手撐著頭側躺在草地上，下半身套著殘留餘溫的睡袋。醒了，卻彷彿仍置身夢境。

離開露營區後騎經對岸、羅亞爾河畔的城鎮沙蒂隆（Châtillon-sur-Loire），原本不打算停留，卻在郵局旁的轉角巷口撞見「幾個人」，讓我按下剎車：手拿著明信片的郵差、偷偷摸摸的黃衣小女孩和寫下《金銀島》的作家羅伯特・路易斯・史蒂文森（Robert Louis

Stevenson），咦？對，他在一百多年前就過世了，我在轉角遇見的是真人大小、維妙維肖的人像壁畫，一旁小小的說明牌寫著名字和資料。

我猜小鎮裡絕對不只這裡有塗鴉壁畫。心一橫，也不管才剛出發就又立刻停車上鎖，不出所料地在遊客中心找到人像地圖，我如同沉浸在精靈寶可夢（Pokémon GO）世界的失心瘋玩家循著地圖逐一造訪——學校圍牆外專心打彈珠的男孩，一副臭臉的大叔露大腿踩葡萄，侍衛銀盔披身在城牆外全副武裝……尋找過去居民的路上不時有現在的居民指路，讓人玩得不亦樂乎，離開時都不知道幾點了。果然沒多久天色就漸漸暗下，開始懷念幾個月前的冰島永晝，白日沒有盡頭，時間可以盡情揮霍。

忽然一頭小鹿不知道從何處竄出，一蹬躍進河裡，游過岸後隨即鑽進草叢不見身影，牠的窩在對岸吧，那我的呢？騎進藏在霧海中的森林試圖尋覓，卻處處看見寫著私人領地的木牌。看似無人之境的森林原來是地主們的後花園，走到底看見一棟三層樓高的小古堡外圍著護城河，柴房前的廣場有幾隻孔雀的雕像……不對！定睛一看發現牠們全是真的，不就有一隻正大搖大擺地走過來，幾隻飛上了屋頂，帶著睥睨天下的神

過去的居民們從沒有離開，一直都在。

情。住在這裡的人過得是怎樣的生活啊？看得出有人煙的痕跡卻沒看到任何住戶，但又隱約感覺暗處裡有雙眼睛正上下打量，讓人好不自在，結果我自己心虛得像是做了什麼虧心事般匆匆離去。沿路看起來明明是林間小徑，但房舍前全圍起高牆。騎著騎著看見一處鐵閘門大開，裡面的房舍沒有高不可攀的氣息，說不定會願意讓我在廣場上紮營？

「抱歉，這是老爺、夫人的地，我不能作主。」（老爺夫人？是穿越劇嗎？）滿臉鬍渣的男子這樣告訴我，手指著後方。順著方向看過去，一棟鵝黃石牆墨黑屋頂的巴洛克式建築矗立在黑暗之中，十二扇對外的大窗、六道長煙囪，前面是圓環狀的前庭。這下懂了，原來最前面的廣場只是他們的停車場啊，看似親民的房舍其實是管家住的地方。

我向前搖了銅鈴，燈亮了，一位裹著粉色長袍的女人開了門，她說先生還沒回來，邀我先進門喝茶。首先映入眼簾的是位在正中央的旋轉梯和鹿角吊燈，接著是掛在長廊上的獸首和巨幅中古狩獵圖。原來男主人熱衷於打獵，今天和朋友們一起去獵野鴨，就快就會回來了。女主人的話不多，大部分的時候只是靜靜地啜飲著裝在精美瓷杯裡的熱茶。

「親愛的，我回來了！」豪邁爽朗的語調和鞋子踩在地板上的咚咚聲鏗鏘有力，身穿剪裁合身的呢絨外套配上及膝長靴，戴著獵鹿帽，就連只露出幾吋的背心花紋都顯得講究。凱旋歸來的國王腳步到了餐廳門口停下來，一臉驚訝，顯然沒料到房子裡多了個陌生人。詢問後很快了解狀況，男主人決定留客人住宿客房。整個晚餐我全程正襟危坐，從遞盤、舉杯到點頭微笑不露齒，所有動作放慢兩倍速，力求輕手輕腳，就怕不小心打破一屋子的優雅。

隔天一早大霧鋪天漫地，從窗口甚至看不見停在前庭的腳踏車。下樓整裝，車上結滿水珠，濕氣很重，昨晚要是睡外面，想必所有裝備一定濕透了。臨走前男主人給我一張印著房子空拍圖的明信片（這屋子到底什麼來頭？），寫著他們的聯絡方式與祝福。我走到柵欄外回頭望，兩個小小人影還站在門口招手，我朝他們深深地鞠躬、大力揮手。一頭鑽進伸手不見五指的濃霧中，再回頭望時整棟建築已經消失得無影無蹤，獨留白煙裊裊。

轉個彎後不經意地回頭看，才發現過去的、去過的都消失無蹤，像是回不去的桃花源。

En su torre
de
Port Lligat

SALVAD

DA

ha pintado
su último
cuadro:

La batalla

塞翁失馬，焉知非豔福

距離短但車多的快速道路和距離長起伏多的海岸線，兩條從法國東南岸
到西班牙的路線，我選了後者。豔陽高照萬里無雲，我踩上法國領土最
後一個上坡，騎過荒廢已久、佈滿塗鴉的檢查哨，如同選手衝過終點線
般意氣風發。可能是老天想要澆熄這沒來由的氣焰，好端端地突然就風
雲變色了，接下來要不是被突來的陣風吹到路中央，險象環生，就是風
大到動彈不得，連下來推車都走得顫顫巍巍、汗如雨下。風雨交加中我
咬牙苦撐到濱海的白色小鎮卡達克斯（Cadaqués）。

「我和瘋子唯一的不同是，我沒有瘋。」他說。特別彎進這座小鎮就是為了這個瘋子——翹鬍子達利（Salvador Dalí）。達利的故居位在小鎮附近的漁港，由漁夫的倉庫不斷擴建改造而成，裡面除了不規則的房間，還有堆疊向上的頂樓花園和擺放紅唇沙發、懸掛巨蟒布偶的游泳池，雪白的圍牆上，巨大的天鵝蛋和兩顆裂了一條縫的銀色人頭像相依偎。當我腦海塞滿屋裡屋外超現實畫面，心滿意足地回到腳踏車旁，才發現後車輪外側腫了一個包，車輪框已經被擠到變形，浮腫程度大到轉

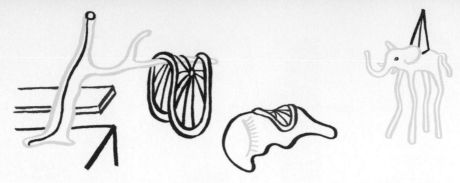

動會讓剎車磨損車胎。果然硬騎傷車，這下子，我從超現實世界瞬間掉
回現實。

在地人告訴我唯一可以修車的地方在三公里外的工業區。三公里不算難
事，但三公里的大上坡就有點難度了。氣喘吁吁抵達幾個鐵皮工廠組成
的「工業區」，躲過幾隻不懷好意的看門狗後，最後得到需要去四十多
公里外的城市才有得救的結論。在這個腳踏車禁止上公車、沒有火車的
天涯海角，看來我只能在淒風苦雨中推車前進了。

天色漸暗，蜿蜒荒涼的山路上一邊是山壁一邊是懸崖，沒有腹地紮營也
不見房舍，就連〈金包銀〉都不足以詮釋現況的淒涼。「別人的性命是
框金又包銀，阮的性命不值錢……」我忍不住用蔡秋鳳式的濃濃鼻音，
在雨中反覆唱著。

還沒唱盡興，就看到前方三岔口旁有間亮著光的小屋子，獨立在前不著
村後不著店的荒郊野外，像茫茫大漠中的龍門客棧一樣叫人起疑。但我
當下管不了這麼多，趴著窗往屋內看：整面牆的書櫃，壁爐裡閃著火

| 車輪在現實世界中，超現實地軟掉了。

光，貓在沙發上躺著伸懶腰，看起來很讓人安心。我敲門等待卻無人回應，心灰意冷下正要離開，門開了，「抱歉，剛在裡面染頭髮，一開始沒聽到敲門聲……」屋主一手撐著頭上的毛巾，看得出匆忙。

進屋後聽著狂風暴雨把窗戶震得喀啦喀啦作響，屋外的花草樹木全被吹彎了腰，不由得暗自慶幸好諾貝爾開了門。諾貝爾是位比利時建築師，這棟她從親戚處繼承而來的房子前身是間小酒吧，這幾個月剛好回來整頓。難怪屋內隔間異常開闊又處處充滿細節，就像屋主給人的印象。隔天一早她開車載我去四十公里外的城市修車，腳踏車老闆說零件需要三天時間從其他大城市運過來，我最後決定坐火車到巴塞隆納修車。

諾貝爾送我到車站時，我向她表達感謝：「幸好遇見你。」她回答：「就算沒有我，你也會好好的，沒有過不了的難關，解決不了的事情。」走進月台前回頭張望，只見她的紅褐色短髮與灰藍排釦立領大衣在一個晃影後沒入人群。

預計兩天的騎程坐火車不到兩小時就到了，好幾個月以來第一次上火

車，我直楞楞盯著窗外快速轉場的風景，重新調整時間和距離的關係。帶著考試作弊的心虛和不知道錯過什麼的悵惘抵達巴塞隆納。不愧是容納五百萬人的大都會，離火車站不到幾分鐘的路程就有數家腳踏車店，占地好幾層樓，停放著幾百台腳踏車，還有像是捷運站進出口的旋轉閘門。我推著車往地下一樓維修部的走道，燈火通明的挑高空間像是百貨公司的專櫃，身旁是西裝筆挺的男士牽著嶄新小摺排隊，反觀自己的旅行車風塵僕僕，底盤結了一塊塊乾泥巴，放在光可鑑人的白色地板上，感覺格格不入。

「嘿，你好！」技師從工作室走出來的當下我驚為天人，俏皮短捲髮和短鬚落腮鬍，還有帶著笑意的藍眼睛，放在地下室真是可惜了。美好的事物實在很能振奮人心，折騰好久的問題也不到半小時就解決了，天氣再度放晴。接著那雙藍眼睛的主人再度帶著笑意對我說：「我還有假，你什麼時候離開？我想陪你騎一段……」

看來，我的好運還沒用完啊。

然
後 轉
遇 啊
見 轉

禁入廢墟　，小心，別出聲。

不是絕對，但就機率而言，被動的陌生人往往比主動搭訕來的安全。

因為這條不成文的城市安全守則，所以我在西班牙第三大城瓦倫西亞　（València）的黑夜中迷失方向時，決定在眾人聚集的紅燈路口主動挑個貌似忠良、儀表得體的過路人問路。但想不到自己居然這麼厲害，竟然一挑就挑到這位同年同月同日生、同樣念視覺傳達設計、喜歡塗鴉藝術和腳踏車長途旅行的盧埃爾莫。

兩個人天南地北聊到欲罷不能：這是囊括哥德、巴洛克和羅馬式三種風格的大教堂（The Cathedral），那座八角形造形的石造鐘樓是米迦勒之塔（Torre del Miguelete）……最後我根本沒出城，反而跟著熟門熟路的他走進充滿塗鴉的舊城老街夜遊聽故事。

結束這段奇妙的緣份，告別盧埃爾莫的隔天，我離開瓦倫西亞也離開了海岸線，開始朝著西南方內陸前進。離開大城市後會先經過近郊的衛星城市，再繼續騎一陣子，不多久，映入眼簾的是全然不一樣的風景：烈日下黃土上一顆顆小綠球整齊劃一排開，是被稱作「綠金」的橄欖樹，滿山遍野彷彿沒有邊界，騎越久越擔心，縱橫行間的寬度空隙這麼大，待會該躲在哪裡紮營？正擔憂著，啊哈！天無絕人之路，前面不正是一棟頹圮半倒的廢墟嗎？只剩斷瓦殘壁的建築體看不出原本用途，但有幾道對角的牆用來藏身綽綽有餘。

習慣使然，我選在一個視線的死角攤開露宿袋，腳踏車也藏得好好的。自從上路以來，幾乎天天日出而作日落而息，身體規律讓我入夜後躺下沒多久就沉沉睡去。「碰！」突如其來的聲響讓睡到一半的人眼睛瞬間睜大，是車子關門聲。隨後又有車抵達，我將耳朵貼地聽見「喀、喀、喀」的腳步聲，來者好像不少人？

緩慢地拉開頭上防蚊的紗網，悄悄地貼著牆角探頭往外看……老天啊，好幾個沉著臉、眼神兇狠的男子，各個帶著槍。我不動聲色地縮回原本位置，聽著牆外斷續傳來人聲，像是在交易什麼。電影裡躲在角落的人都會不小心踢倒罐子，最後全身沾滿血的倒臥路邊。一思及此，我動都不敢動，連呼吸也不敢大力。不知過了多久，終於聽到漸弱的引擎聲，整個人才終於鬆懈下來。隔天一覺醒來，走出去周圍仍是一片荒蕪，只是沙地上多了幾個新鮮的腳印。

幾天過後，因為一場大雨我躲進了另一處廢墟，趁天色微亮四處查看屋內狀況，有面大鏡子的主臥房、地板散落積木和玩具小車的遊戲間、廚房餐桌上放著鍋碗餐具，屋主像是臨時離開沒帶走什麼，除了屋裡四處鋪著一層厚灰之外，大致上還算舒適。看過一輪後決定在離大門最近的廚房落腳，剛鑽進睡袋把身體彎成最舒服的角度，就聽見「咿呀」的摩擦聲……開門的聲音從最裡面的玩具間傳來，我剛剛明明把每道門都好好關上了啊，怎麼會？

不去確認一下也睡不安心，於是儘管千百個不願意，我還是從溫暖的睡

袋爬出來。巡了一輪，所有的門關得好好的，玩具間裡的窗戶安安靜靜緊閉。我告訴自己是聽錯了吧，再次把門好好帶上，剛鑽回睡袋。「咿呀⋯⋯」不會吧，又是從房子最裡面的角落傳出來，這次不只開門聲，還有像是玩具車在地上摩擦的聲音，一陣一陣出現。

說不定是老鼠，又或許，屋主從來沒有離開過？黑暗中我深深地嘆了一口氣，對著空氣說，「姊姊今天騎車有點累，就不陪你了，你自己玩喔。」很有誠意地分別用中、英文講過一遍後繼續躺著，沒打算再起身。整個晚上聲音斷斷續續沒停過，但誰也無法阻擋我濃稠到化不開的睡意。

睡著很好，睡著就沒事了。再過幾個小時天就要亮了，明天又是美好的一天。

惡魔橋與惡魔

傳說一，有位牧羊人向惡魔請求在在兩座山間建立橋樑，讓他得以縮短趕羊的時間。惡魔用一個晚上的時間建造完成，隔天一早向牧羊人索取第一個過橋的靈魂作為代價，後來第一個過橋的是一隻羊。

傳說二，村民懇求惡魔協助他們打造橋梁，惡魔要求第一個過橋的靈魂作為報償，結果第一個過橋的是隻狗。

傳說三，建築師拜託惡魔來幫忙完成橋梁，惡魔照例要求第一個過橋的靈魂當成交易，這次犧牲者是一隻雞。

歐洲各地都有座惡魔橋，背後都有一位被人類欺騙情感詐騙勞力的惡魔。假如傳說不是空穴來風，惡魔應該是位辛勤工作、厲害又多產的建築師，可惜算盤打得不太靈光。比起雞啊羊啊狗啊，向人類收收過橋費或許還划算些。

然後遇見　轉啊轉

| 陽光燦爛的惡魔橋，沒有人的地方就沒有惡魔。

A.   B.

德爾蓬魔鬼（Puente del Diablo）又稱惡魔橋，建於公元一世紀，是座橫跨兩座深綠色小山的狹長水道。兩排拱門堆疊而上，合計三十六座，約是九層樓高度，兩千年來屹立的古羅馬城市遺跡，至今依舊傲然優雅。「小心別遇到惡魔！」離開巴塞隆納前，一位當地友人聽到我要前往塔拉戈納（Tarragona）附近的惡魔橋，笑笑地對我這麼說。「哈，那來的惡魔。」我心想。

然後就遇到了。

約莫是傍晚，在西班牙南部安達盧西亞（Andalucia）山區。眼前開展的是大海般漫無邊際的起伏山路，騎了一天我也累了。看著白亮日光轉

C.

│ A. 印象中的惡魔，殘暴冷血。
　 B. 傳說中的惡魔，蓋橋鋪路熱心公益。
　 C. 真正的惡魔。

為昏黃，心中暗忖是時候開始找紮營地了。荒郊祕林裡要特別留意，小心避開升起白色狼煙處，因為那裡可能是性工作者執業的地方。

在南歐城市外圍的郊區公路旁、無人管轄的山區廢棄果園裡、自助加油站出口或橋墩下的陰影處，不時有濃妝豔抹、衣著暴露的女性或站或坐招攬過路客，她們身旁有時會伴隨著身材壯碩的男子，大部分都很年輕，我看過最小的不過十幾歲出頭。記得她叼著菸坐在白色塑膠椅上，雙腳懸空晃呀晃，眼睛直直朝我看，又像沒看到我一樣，空洞洞的。

今天一路上都沒遇到什麼人，是因為離城鎮都好一段距離的關係吧？忽然身後傳來斷續的喇叭聲，回頭一看有台黑色廂型車逼近，靠邊讓行，

| 世界各地的性暗示手勢千百種，人生地不熟時記得先把手收好。

車反倒跟著停下，車內中年男子遞來一張寫著電話號碼的紙條，說了幾句我沒聽懂的話。他見我沒反應，便開始用臉部表情和肢體來表達：握拳後把大拇指伸進食指和中指中間，嘴巴圍成圓形，食指前後抽動，舌頭不斷向外舔……

對方猥褻露骨的動作與神情讓我頭皮發麻，在沒有幾台車經過的偏僻山區，我只能全力衝刺踩著踏板逃離。比速度，腳踏車沒有絲毫的勝算，體力也在山路上消磨整天後開始見底，只剩下耐力了。黑色廂型車緊跟在後，忽前忽後的同時不忘表情動作，我不時閃車避開幾次突來的逼近，偶爾一陣子廂型車不見蹤影，剛鬆口氣又突然從前方小路竄出，如影隨形。我苦撐著早已疲憊不堪的身體，連續硬踩幾十公里的大上坡，大小腿的肌肉早已沒有感覺，多年前車禍斷腿的舊傷隱隱作痛。對方也很有耐性，從黃昏一路跟到夜色低垂，直到我抵達山鎮的露營區才掉頭離開。當天晚上我連吃飯的力氣都沒有，像是被卡車輾過般攤在草地上。

然後遇見　轉啊轉

人類，才是真正的惡魔。

在路上

在龍達（Ronda）一連待了好幾天，不是因為這坐落在七百四十公尺山岬上的天空之城掛著「西班牙最古老城市」的頭銜，或是擁有聳立於天地峽谷間聞名遐邇的努埃波石橋（Puente Nuevo），佇留的我是為了療傷。在情勢逼人、身不由己的情況下，超時超量的筋骨活動導致舊傷復發，連輕踩腳踏板都讓膝蓋隱隱作痛。但也正好用這段時間讓自己好好觀看海明威筆下《戰地鐘聲》中描寫的山城。

「哈囉，你知道超市在哪嗎？」
單車騎士在上坡的中途急剎問路，是一件很不符合邏輯的事情。誰會在最該咬牙衝刺的時候，按下剎車、放棄上半段揮汗換來的速度？卡洛，被派遣到龍達的衛生稽查員，空閒的時候常騎著自行車探索附近的山區祕境。沒幾句話，他就坦承超市只是個幌子，幾天前就注意到我一個人在附近閒晃，不像其他人一樣匆匆。今天再次撞見，緣份加上好奇於是他決定鼓起勇氣厚著臉皮，用一個很爛的理由把我攔下。哈，這位先生是吃了誠實豆沙包嗎？

LIFE IS LIKE A BOX OF CHOCOLATES YOU NEVER KNOW WHAT YOU ARE GONNA GET. - Forrest Gump

看他紅著臉一口氣說出這一長串，我忍不住笑了，他也跟著笑了。

真的是笑開了；笑，解開了對陌生人的防備。原本八竿子打不著的人意外成了朋友，白天和卡洛一同穿梭山林祕境探險，黃昏上酒館啜飲小酌把酒話人生，傍晚時分散步回家——位在山城邊陲的露營區。營區的老闆包柏，不知道是因為我是他這個冬季裡唯一的客人，或是這幾十年來唯一獨自進住的女孩，而對我照顧有加、不時地送上關心和食物，有時是放顆鳳梨在我露宿袋上，有時是塞顆剛產下的溫熱雞蛋在我手上……

一個人不時拿著畫筆在舊城區四處漫走隨興停留。看光影附著在山壁間移動，黑色岩石上層次鮮明的綠意隨之斑斕閃爍，夾在谷底狹縫中的溪流淙淙，群鳥展翅飛翔。十八世紀完成的努埃波石橋，意思是「全新的橋」。它在新、舊城和世代間承載人來人往和百年時光，新橋不新了，多了風吹雨打刻出的古老紋路和淳樸厚重的歲月滄桑。新舊之間多少人停留和離開，我也是其中一個，還記得和卡洛趴在橋頭上看著夕陽直墜峽谷的寧靜片刻，風吹過耳尖的呼呼聲。隨著日子一天天累積，累積出越來越多的熟悉臉孔和山城角落。

然後遇見　轉啊轉

《阿甘正傳》裡面說：「人生就像一盒巧克力，你永遠不知道你會拿到哪種口味。」真是這樣就好了，因為大部分的巧克力都很好吃。

跟著候鳥一路到了此行最南端，一年為期的簽證開始倒數，接下來要開始向東去，因為家在那裡。回家也是旅行，是另一種風景。人們來來去去我也是其一，不管選擇停留還是繼續走，旅行會繼續生活會繼續，沒有過去未來的存在當下。

人生的定位遠比地理上的座標來得重要。有部紀錄片，片中一位巴西裔青年被問到「人生的意義」，他先笑著說這題目好難，接著回答：「每個人都帶著一個來自童年的訊息，要傳給長大後的自己。」

人生就像＿＿＿，這是一道送分考古題。不論古今中外，人人各有感概，答案千奇百怪，因為不管填上什麼都可以說出一番道理。到頭來，人生，到底是什麼？對於旅行作家澤木耕太郎把人生定義為「途中發生的事。」特別印像深刻。假如人生是途中遇見所有無法預料的人、事、物的總和，那人生不是就「像」旅行，而是人生就「是」旅行。

人生是趟不知道終點的旅行。為什麼旅行？因為想要遇見。喜歡小王子與狐狸的故事，因為遇見後產生關係，你對我便開始有了獨一無二的意

| 哲學家聖奧古斯丁（Aurelius Augustinus）說：「世界是一本書，不旅行的人只讀了一頁。」

義，因為不同的遇見，每個人的旅行也是無可取代。和背景迥異的人事物相互遇見後，看世界的方式不一樣了，像是金色麥田之於小王子的頭髮，讓自己心跳加速的東西變多了，生活變得更有趣了。

什麼是給我的訊息呢？從西遊記、冰雪女王到絲路、冰島，我想我的訊息不是去某個特定的地方，而是有能力去執行最初的想望，義無反顧地把自己帶去夢想的所在。成吉思汗說：「只要出發，必到達」不愧是蒙古帝國的大汗，好大的口氣，霸氣十足。我倒是沒他這麼有把握，路上有太多遇見讓人到不了或是轉方向，最終到了其他地方，但我不太在意。我在路上。

你問我最喜歡的地方？後來知道這是人們對於旅人最習以為常的慣性問候語，我會看人情、視心情禮貌回答。下一個要去的地方？就跟你說了，那不重要。什麼時候會停止旅行？我不知道，沒人知道。

End.

Hit the road 單車上，未知終點的旅行

作者｜李怡臻・設計｜李怡臻・行銷企畫｜林予安・特約編輯｜柯若竹・責任編輯｜林明月・發行人｜江明玉
出版、發行｜大鴻藝術股份有限公司 合作社出版・台北市103大同區鄭州路87號11樓之2・電話：（02）2559-0510
傳真：（02）2559-0502・總經銷｜高寶書版集團・台北市114內湖區洲子街88號3F・電話：（02）2799-2788
傳真：（02）2799-0909・2017年11月初版・ISBN 978-986-93552-4-7・定價380元

國家圖書館出版品預行編目(CIP)資料・Hit the road 單車上，未知終點的旅行/李怡臻作・--初版--臺北市:大鴻藝術合作社出版
2017.11・288面・17╳20公分・ISBN 978-986-93552-4-7(平裝)・1.旅遊文學 2.歐洲・740.9 106015717
最新合作社出版書籍相關訊息與意見流通，請加入Facebook粉絲頁・臉書搜尋：合作社出版